人生を思い通りに変える！

# 開運祝詞《かいうんのりと》

「言霊の力」で望む未来を手に入れる

経営コンサルタント
桑名正典

徳間書店

# はじめに――「マイ祝詞」で人生を思い通りに生きよう！

## 「言霊《ことだま》の幸《さきわ》ふ国」

この言葉は日本のことを表した言葉で、「言葉の力によって幸せになる国」という意味です。

昔の人は言葉に力やエネルギーが宿っていると考え、それを「言霊」と言っていました。

事実、日本では古来、「言葉」を駆使してきました。

神道なら祝詞《のりと》、仏教ならお経や真言《しんごん》と言われるものです。

それらは「唱えることでエネルギーが発動するもの」です。

たとえば、神道の世界では「祓詞《はらえことば》」という有名な祝詞があります。

掛《か》けまくも畏《かしこ》き伊邪那岐大神《いざなぎのおほかみ》
筑紫《つくし》の日向《ひむか》の橘《たちばな》の小戸《をど》の阿波岐原《あはぎはら》に
禊《みそ》ぎ祓《はら》へ給《たま》ひし時に生《な》り坐《ま》せる祓戸《はらへど》の大神等《おほかみたち》
諸諸《もろもろ》の禍事《まがごと》罪《つみ》穢《けがれ》有《あ》らむをば
祓へ給ひ清め給へと白《まを》すことを聞こし食《め》せと
恐《かしこ》み恐みも白す

この祝詞は唱えることでお清めのエネルギーが発動し、罪や穢《けが》れをお祓いしてくれるものです。

また仏教の真言ですが、有名なところでは不動明王の真言で、

ノウマク・サンマンダバザラダン・センダ・マカロシャダ・ソワタヤ・ウンタラタ・カンマン

というものがあります。

この言葉、「真言」を唱えることで、火のエネルギーで罪や穢れを焼き払う不動明王のエネルギーが発動するとされています。

このように言葉にはエネルギーが宿っており、前述したように日本では古来、言葉を駆使してきました。

また私は、これまで独自のプログラムを開発し、多くの方が自分を受け入れ、自分らしく生きていくサポートをしてきましたが、その独自プログラムも「言葉を唱える」ということを軸に展開してきました。

ただ言葉を唱えるだけなのに、自分の内面の闇があぶり出されたり、心が安心感で包まれたり、現実の中でさまざまな出来事が起こったり、大きな気づきにつながる出来事が起こったり、言葉を唱えることをきっかけにして多くの経験をしてきました。

そういった経験から確信していますが、**言葉を唱えることで人の内面が変わり、さまざまな出来事が起き、そして人生は動き出します。**

言葉はそれだけの力を持っています。

ただしそのためには、どんな言葉を唱えるかが大事です。

**実際に自分の人生が変化したり、運がよくなったり、願望が実現する方向に進むた**

**めの言葉。**

それをつくるのが本書でお伝えする**「開運祝詞《かいうんのりと》」**です。

とはいえ、神道で使われるような祝詞ではなく、

**「人の内面と現実に変化を促す言葉のつくり方」**

についてお伝えします。

お伝えするメソッドは、理論理屈からではなく、これまで多くの方をサポートする過程でクライアントと向き合いながらつくっていったものです。

**現実を変え開運する自分独自の「マイ祝詞」**。

それを唱えていくことで本当に人生は変わります。

本書を通して自分だけのマイ祝詞をつくり、それを唱え、ぜひ言葉を駆使して、人生をよりよいものに変えていただければ幸いです。

2024年12月吉日

桑名正典《くわなまさのり》

人生を思い通りに変える！

# 開運《かいうん》祝詞《のりと》

経営コンサルタント
桑名正典

人生を思い通りに変える！
開運祝詞

# 目次

第2章

# 「マイ祝詞」をつくるための四つの手順

第3章

# 「マイ祝詞」をつくろう

# 第6章 「マイ祝詞」をつくろう

第7章

# 「マイ祝詞」で、人生を思い通りに変える！

校閲　鷗来堂
組版　キャップス
イラスト　阿部千香子
装丁　藤田大督
編集協力　遠藤励起
編集　高畑　圭

第1章

# 「言葉」を制する者が人生を制する

## 現実に存在するすべてのものには波動がある

### 「波長が合う」

という言葉、どんな人も一度は使われたことがあると思います。

人同士が、気が合うことを「波長が合う」と言いますが、波長とは物理学の世界でいう「波の長さ」のことです。

実は私たち人間は、目には見えない波を出していて、無意識にそのことを感じ取っています。

特に話したわけでもないのに「あの人、なんか素敵」と感じる人もいれば、「あの人、なんか無理」と感じる人もいます。

それは、その人から出ている波を感じ取っているからです。

また自分は「波長が合う」と感じる人であっても、別の人からすると「いや、私は無理」と感じることもあります。

それは自分とは波長が合っているものの、別の人とは波長が異なっているから起こる現象です。

このように、**人は目には見えないその人独特の波を出しており、そんな波の動きのことを「波動」と言います。**

波動についてさらに話を進めていくと、たとえば気が合うことを言い換えると**「しっくりくる」**とも言ったりします。

「あの人といると何かしっくりくるんだよね」という感じで使います。

この「しっくりくる」という言葉、人だけではなく**「情報」**にも使います。

「この情報はしっくりくる」「あの人が言っていることはしっくりくる」、逆に「あのとき言われた指摘はしっくりこない」など。

つまり、**情報にも波動があります。**

また「気が合う」「しっくりくる」を言い換えると、**「居心地がいい」**とも言ったりします。

「あの人と一緒にいると居心地よく感じる」など。

さらにこの「居心地がいい」という言葉は、人だけではなく**「場所」**にも使います。

「このお店は、なんか居心地がいいんだよね」と。

逆に「あの場所は、なんか居心地が悪くて行きたくない」とも言います。

これは、**場所にも波動がある**ということです。

人だけではなく、情報や場所にも波動がある。

このことはつまり、

**「現実に存在するすべてのものには波動がある」**

と考えても差し支えありません。

## 波動を変えれば、現実は変わる！

さらに言うと、

**「今の自分に見える現実は、自分の波動と似たような現実（人・情報・場所）である」**

というのが波動の原理原則です。

この世界には、さまざまな波動の現実があります。
そして、たくさんある現実の中から、自分の波動と似たような現実が展開します。
図解すると次のようになります。

| | |
|---|---|
| **波動1** | 現実1・人1・情報1・場所1 |
| **波動2** | 現実2・人2・情報2・場所2 |
| **波動3** | 現実3・人3・情報3・場所3 |
| **波動4** | 現実4・人4・情報4・場所4 |
| **波動5** | 現実5・人5・情報5・場所5 |

波動1の人には、波動1と似たような波動の現実1が展開し、そこには波動1と似たような波動の人1が集まり、波動1と似たような波動の情報1が流れ、波動1と似たような波動の場所1に人や情報が集まっています。

同じことが、波動2にも、波動3にも、波動4にも、波動5にも起こっています。

とはいえ、異なる波動の人とも会うことはありますし、異なる波動の情報をキャッチすることも、異なる波動の場所に訪れることもあります。

しかし、異なる波動の人とは気が合わないからご縁はつながらないし、異なる波動の情報はしっくりこないためにスルーするし、異なる波動の場所は居心地が悪いために長居はしません。

そして、自分の波動に合うところに戻っていくのです。

そうやって人は、**無意識に自分の波動と似たような波動の現実を生きる**ことになります。

「今の自分に見える現実は、自分の波動と似たような現実（人・情報・場所）である」

ということを踏まえると、**自分の波動が変われば、今とは異なる現実（人・情報・場所）を引き寄せ合うようになる**ということです。

つまり、**「現実を変えるとは、自分の波動を変えること」**であり、波動を変えると自分を取り巻く現実が変わるのです。

## 波動は「4+3」で変わる

自分を取り巻く現実を変える自分の波動ですが、何がポイントで変わるかというと、

**四つの状態**
**三つの行動**

となります。

それぞれを簡単に解説します。

まず、波動を変える**「四つの状態」**とは、

**身体の状態**
**心の状態**
**エネルギーの状態**
**環境の状態**

のことです。
詳しく解説していきましょう。

**【身体の状態】**
身体の状態とは、ただ単に健康だけでなく、服装や姿勢、表情なども含まれます。

- **健康状態**
- **服装**

## 波動を変える「四つの状態」

身体の状態

心の状態

エネルギーの状態

環境の状態

自分の波動を変えるためには、「四つの状態」を意識することが大事

・髪型
・肌つや
・爪
・姿勢
・表情

こういったことが自分の波動に影響します。

**健康で、安心感・清潔感のある服装をし、髪・肌・爪はツヤがあり、胸を張って口角を上げていると波動は高くなります。**

**【心の状態】**

心の状態とは、心が幸せや感謝、満足感で満たされた状態なのか、不足感や不平不満でいっぱいなのかといったことです。

特に、過去に感じたネガティブな感情がたくさんたまっていると、心の状態は悪くなります。

逆に生かされていることをありがたく感じ、感謝の気持ちが自然に出たり、幸福感に満たされていると、心の状態はよりよくなります。

ネガティブな感情がたくさんたまっていると、嫌な人が現れたり、怒りや悲しみを感じることが起こったりといった、現実にネガティブな出来事が起こるようになります。

そのため**ネガティブな感情をデトックスすることが必要で、デトックスすることでネガティブな出来事が起こらなくなる**のですが、その方法はのちの章で詳しくお伝えします。

## 【エネルギーの状態】

見えない世界のお話になりますが、私たちの身体のまわりには、エネルギーの層があります。

そこにマイナスのエネルギーを受けることがあり、そうなるとエネルギーの状態が悪くなります。

日本では、古来から**「お清め」**という儀式が行われてきました。

どんな人でも神社に行ったときに手と口を洗ったことがあると思いますが、あれこそお清めそのもので、信心深くない人であっても、ネガティブなことが起こったら「お祓いしたほうがいいんじゃない？」と言ったりします。

その「お清め」「お祓い」をするとき何をしているのかというと、**自分のエネルギーに受けたマイナスのエネルギーを清め、清浄な状態にしています。**

**お清めをすることでエネルギーの状態が整い、波動が高くなります。**

お清めについては拙著『成功している人は、なぜ「お清め」をするのか？』（KADOKAWA）にさまざまなお清め方法を紹介しています。

**【環境の状態】**

環境は主に**「住環境」と「人間関係」**が大きく影響します。

普段過ごす部屋が散らかっている状態だったり、不必要なものがたくさんあったりする状態のときは、環境の状態は悪くなります。

また人間関係において、いつも不平不満や愚痴ばかりの人に囲まれたり、何かにつけて否定してくる人や、会うとやたらと疲れる人に囲まれていると、環境の状態は悪くなります。

環境の状態をよくするには、住環境については断捨離をしたり、常に整理整頓をすることですし、人間関係については、前向きで、お互いに認め合えたり、応援し合える人間関係に囲まれることが大事です。

できるなら、自分が実現したいことをすでに実現している人と同じ時間を共有できるようになると、環境の状態はとてもいい状態になります。

次に、**「三つの行動」**についてお話しいたします。

真言密教に**「三業《さんごう》」**という言葉があります。

これは**「人生に影響を及ぼす三つのふるまい」**と解釈していいのですが、その三つとは**「身業《しんごう》・口業《くごう》・意業《いごう》」**のことです。

そして、波動を変える「三つの行動」こそがまさに、

身業
口業
意業

です。

【身業】

身業とは身体の業（ふるまい）のことで、**行動そのものや所作**のことを表します。

日々の行動がバタバタと乱雑だったり、所作が乱れていたりすると、波動は低くなってしまいます。

武道や茶道、華道といった「道」のつくものの達人は、一切無駄のない流れるような、しかも静かな所作をされますが、それこそが最も波動の高い行動です。

そこまでの行動はなかなか難しいですが、**日々穏やかでゆったりとした動きや、丁寧な動きを意識することで波動は高くなります。**

【口業】

口業とは口のふるまい、つまり**口癖《くちぐせ》**のことです。

ネガティブな言葉を言っていると現実がネガティブになり、**「ありがとう」「楽しい」といったポジティブな言葉を使っていると現実がポジティブになる**というのはよく言

## 波動を変える「三つの行動」

### 身業

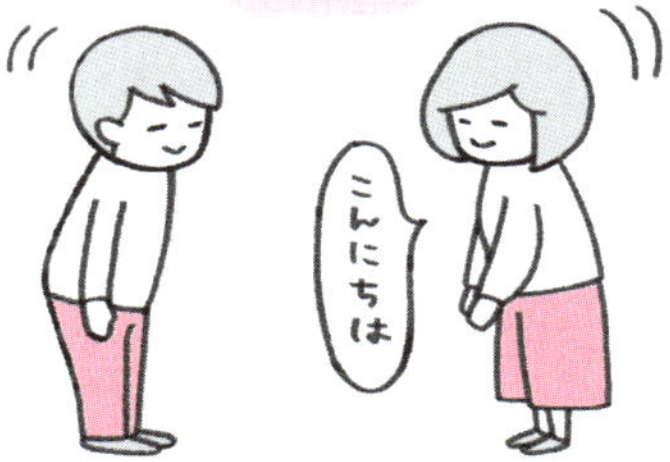


### 口業

### 意業

波動を変えたければ、身業、口業、意業という
「三業」に意識を向ける

われることですが、それは口癖によって波動が変わるからです。

**【意業】**

意業とは意識のふるまい、つまり**「どんなことを考えているか」**というもので、ポジティブ思考、ネガティブ思考というのは意識のふるまいの一つです。

**常に前向きに物事を考えている人は波動が高くなります**が、常に物事をネガティブに考えたり、心配ばかりしたり、被害者意識でいると波動は低くなります。

これらに

四つの状態：「身体」「心」「エネルギー」「環境」

三つの行動：「身業」「口業」「意業」

それぞれが相互に影響し合い、トータルで自分の波動が決まります。

## 世の中の願望実現の法則は、波動を変えるメソッドの一つ

世の中には、幸せになるためや現実を変えるためのメソッドがたくさんあります。
たとえば、

- 「ありがとう」と唱える
- 断捨離
- 断食
- ポジティブ思考
- 望む現実をイメージする
- トイレ掃除

これらのうちどれかは、一度くらいはお聞きになったことがあるかと思います。
前項で「波動は四つの状態と三つの行動が相互に影響し合っている」とお伝えしま

したが、実は**世の中で伝えられている願望実現の法則やメソッドは、すべて四つの状態と三つの行動のどれかに当てはまります。**

前述したものでいうと、

・「ありがとう」と唱える＝口業
・断捨離＝環境の状態（住環境）
・断食＝身体の状態
・ポジティブ思考＝意業
・望む現実をイメージする＝意業
・トイレ掃除＝環境の状態（住環境）

となります。

つまり世の中にあるメソッドは、波動を構成する要素のどれかに当てはまるものであり、取り組むと波動が変わるため、結果として現実が変わります。

## これまでの願望実現の法則

### 断捨離

### 「ありがとう」と唱える

### トイレ掃除

断捨離、「ありがとう」と唱える、トイレ掃除などは、
多くの人が実践している

## 自分で現実を変えるのに「言葉」は有効な手段になる

ここまでお伝えした通り、私たちは一人ひとりが特有の波動を持っていて、自分の周囲には自分の波動と似たような波動の現実（人・情報・場所）が広がっています。

そして、波動によってさまざまな現実が存在するため、自分の波動が変われば、今までと異なる波動の現実（人・情報・場所）と引き寄せ合うようになり、そのときに私たちは「現実が変わった」と認識します。

そんな自分の波動は四つの状態（身体・心・エネルギー・環境）と三つの行動（身業・口業・意業）によって決まってきます。

これらのうち

**口業**
**意業**

**は、「言葉」が大きく関係**しています。

前述したように、口業とは実際に口にする口癖のことですし、意業とは「どんなことを考えているか」ですが、人はそれらを言葉で行うからです。

自分の波動は四つの状態と三つの行動である七つの要素が相互作用し合って形成されるのですが、そのうちの二つが言葉に関わるものになっているため、自分の現実を変えるのには言葉は有効な手段となります。

## 古来、日本人は言葉を大事にしてきた

「はじめに」でもお伝えしましたが、日本は古くから「言霊《ことだま》の幸《さきわ》ふ国」とも言われてきましたし、言葉には力が宿ると考え、とても大切にしてきたうえ、事実私たちも教育の現場などで言葉を大切にすることを教えられてきました。

また**神社では祝詞、お寺ではお経や真言**といった形で、今でも言葉を活用していま

す。

神社本庁のウェブサイトには、「祝詞とは、祭典に奉仕する神職が神さまに奏上する言葉のこと」と記載されています。

神社でご祈禱や正式参拝をされた経験のある方は、「かしこみかしこみ……」という印象的な一説を記憶されている方もいると思いますが、ご祈禱や正式参拝の際に神職の方が唱える言葉を祝詞と言います。

有名なところでは「祓詞《はらえことば》」などがあります。

また神社に参拝した際、お賽銭箱の前に「祓《はら》え給《たま》い、清め給え、神《かむ》ながら守り給い、幸《さきわ》え給え」と書かれていることを覚えておられる方もいると思います。

あれは「唱え言葉」といい、言葉には霊力が宿っており、口に出すことによって、その力が発揮されるという言霊の信仰がある所以です。

ちなみに「祓え給い、清め給え、神ながら守り給い、幸え給え」とは、「お祓いくださ い、お清めください、神さまのお力により、お守りください、幸せにしてください」という意味になります。

また、お寺と聞くとお経をイメージされる方は多いでしょう。

般若心経が最も有名なお経だと思います。

真言というのは「真実の言葉」との意味がありますが、仏様の心理を短い言葉で表したものといった理解でいいでしょう。

光明真言は有名ですが、それ以外では不動明王が祀られているお寺に行くと、「ノウマク・サンマンダバザラダン・センダ・マカロシャダ・ソワタヤ・ウンタラタ・カンマン」といった紙が配られ、ご祈禱の際に一緒に唱えたりしますが、これが不動明王の真言になります。

ちなみに不動明王の真言はそれ以外に少し短いものと長いものがあり、合計三種類あります。

このように神社では祝詞や唱え言葉、お寺ではお経や真言を唱えることが行われていますが、それこそが言霊信仰によるものであり、**日本では古来、「言葉には霊力が宿る」と信じられ、言葉を唱えることで危機を乗り越え、病気が回復し、幸せを実現するといったことを実行してきました。**

それは言葉には現実に影響するだけの力があると信じられていたからですが、波動的に見ても言葉はとても重要で、**言葉を駆使することで幸せな現実や、豊かな現実が自分の現実に変わってきます。**

## 引き寄せのカギは言語化すること

「引き寄せの法則」というものを知らない方はいるでしょうか。

実は、引き寄せの法則は私が独立を志し、今に至るさまざまなことを学び始めた2005年当初にはありませんでした。

引き寄せの法則が一気に広まったのは『ザ・シークレット』（KADOKAWA）という本が登場し、一気に大ベストセラーになったときからです。

調べてみると『ザ・シークレット』の発売は2007年10月です。

それ以降、引き寄せの法則という言葉が一般化しました。

引き寄せの法則とは、「イメージしたものが自分の現実に引き寄せられる」というものです。

実はそれ以前、夢や願望実現の世界でよく言われていたこととは異なります。

それ以前に言われていたのは、

**「夢は紙に書くと叶う」**


というものでした。

書く、つまり言葉にすることがよく言われていたのです。

では、イメージすることと言葉にすることのどちらが大事かというと、

**「どちらも大事」**


というのが真実です。

引き寄せの法則は「イメージしたものが現実になる」という法則ですが、この間に入るのが言葉です。

引き寄せ、**つまり現実化のプロセスは、**

**「イメージ↓言語化↓現実」**

**という三段階で起こります。**

引き寄せの法則では「明確さが大事」と言いますが、それこそが言語化と関連してきます。

ぼやっとしたイメージではなかなか実現しづらいのですが、言葉にできるくらい明確にイメージできているものは現実になりやすい。

このことからもわかるように、引き寄せのカギは、

**「どれだけ明確に言語化できるのかどうか」**

という部分になります。

言葉にできるくらい明確なイメージは現実になります。

つまりこれは「引き寄せのカギも言葉」ということでもあります。

## 願望は「イメージ→ 明確な言語化」のプロセスで実現する!

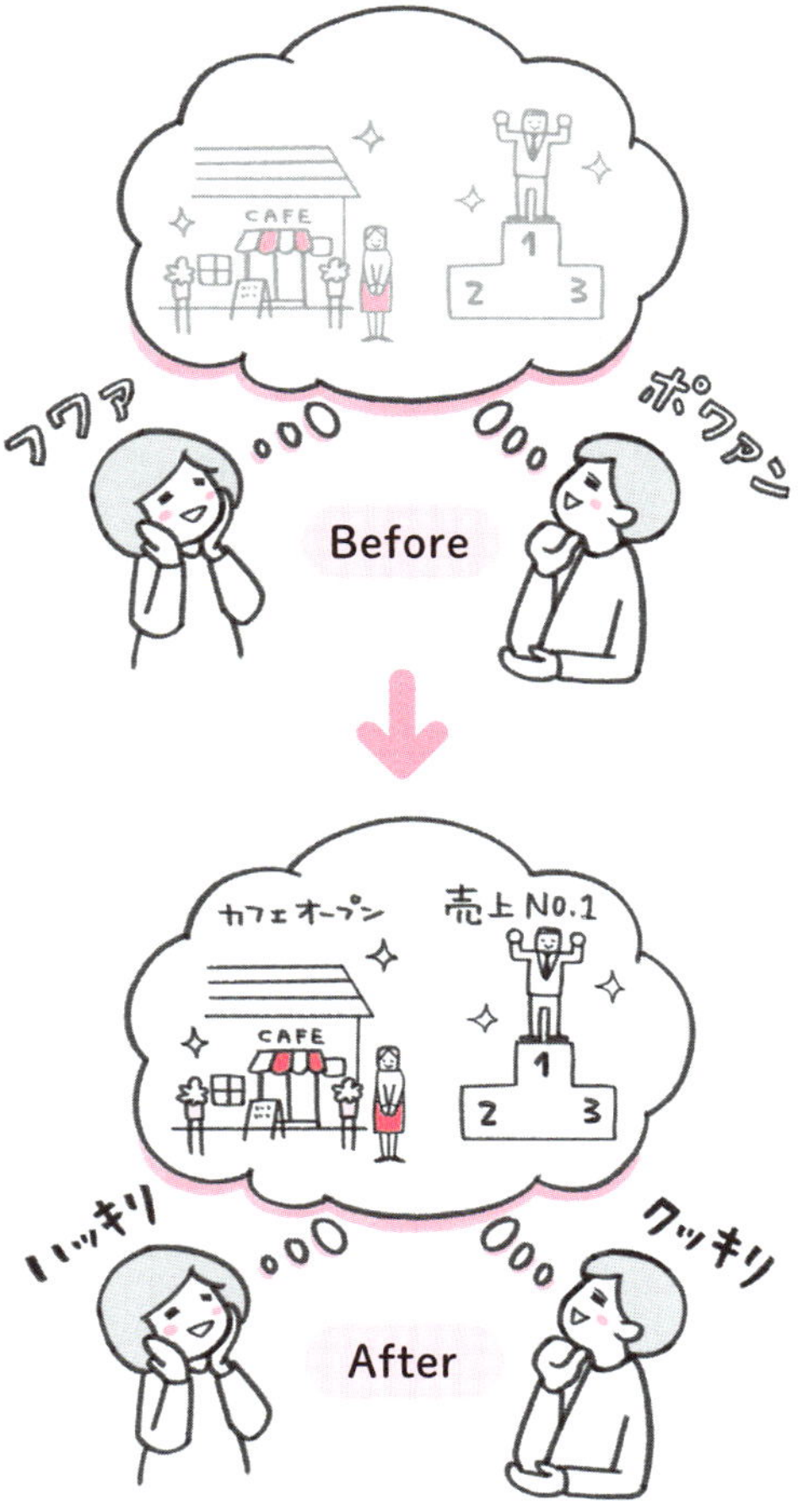


願望実現は、イメージをどれだけ具体化できるかにかかっている

## 聞くだけで現実が変わる「朝の祝詞・夜の祝詞」

私がやっているYouTube『波動チャンネル』に、「朝聞くといい朝の祝詞」と、「夜寝る前に聞くといい夜の祝詞」というものがあります。

それぞれ新バージョンと旧バージョンがあるのですが、2024年11月現在で「朝の祝詞」は合計147万回再生、「夜の祝詞」は93万回再生されています。

それらは毎日聞くだけでメンタリティが変わり、波動が変わり、現実が変わるというものです。

ただ聞くだけなのですが、実際に取り組まれた方の声を紹介します。

**【朝の祝詞を聞いた人の声】**

●余程の事がない限りクヨクヨ落ち込まなくなり、前向きに捉えられるようになってきました。

●以前は、自分は何をやってもダメだと思っていたり、自分のことを疑ってばかりでとても苦しかったです。

それが、朝の祝詞の中の言葉によって、今まで成果が出ていなくても自分には価値があると思えるようになりました。

また、「そうだ！　これからは違うかも」と思えるようになった変化は、自分の中で大きな変化です。祝詞を朝聞くだけで安心して毎日をスタートさせられるようになりました。

●聞く前は、朝起きて「いやだな」などのネガティブなことを考えてしまうケースが多かったのが、徐々に「今日も頑張ろう」と前向きな気持ちに変わってきました。

最初は、「聞くだけで本当に変化あるの？」という疑問を持っていましたが、気がつけば、いつの間にか変化していました。

●ポジティブな情報に出会えるようになったというのが一番大きいです。

また、価値観の違う人と出会っても、無理に合わせたり歩み寄ろうとしなくてもいいので、適度な距離感でつきあえばよいと思えるようになりました。

●くよくよ悩まなくなりました。

相手の方から、何かを言われても「そうなんだ」と思うくらいで、以前は腹を立てたり、悩んだりしていましたが、それもほとんどなくなりました。

●前向きに捉えて行動していると、まわりの人からサポートしていただく機会が増えて、気持ちよくお仕事できています。

●以前より職場の同僚とコミュニケーションが改善し、業務もスムーズにいくようになりました。

朝の祝詞の中で「奇跡はあなたのすぐそばにある」という言葉があります。

奇跡というと大それたことのように思いがちですが、安心して職場にいられること、仕事がうまくいっていることが実は奇跡なのかな？　と思うようになりました。それだけ自分の視点が変わったのだと思います。

●これをきっかけに自分が欲しい情報を持っている人たちとの出会いが増えました。そしてネガティブなことを言う人達が離れていくようになり、自分のことを応援してくれる人が増えました。
また収入的な面でいうと、ブログなどのビジネスの収入が上がってきました。

●貯蓄が減る一方で、打開策が見えなくて絶望気味だった現状が少しずつ明るくなってきました。ありがとうございます。これからも動画を見ます。

**【夜の祝詞を聞いた人の声】**

●不安な出来事があっても、夜の祝詞を聞いてからベッドに入るとリラックスし安心して眠れます。

●心地よく安心して、眠りにつけるようになったことが一番大きな変化です。
祝詞を聞いてなかったときは、寝る前に自分のことを責めて辛くなったり、その日あったネガティブな出来事を振り返って反省したり、とてもしんどい気持ちで寝ていました。

寝る前にそんなことを思わなくてもいいのに、ついつい気持ちがマイナスに引きずられ重い気持ちで眠っていました。

●一日を通していろいろあっても、この祝詞を聞くことで、元に戻るような?、リセットされるような?　明日のエネルギーになっていく感じ?　というか、うまく伝えられないのですが、そういう感じです。

●ネガティブなことに対しての思いを軽減できるようになり、「何があっても乗り越えられる、乗り越えられない壁はない」と思えるようになりました。ポジティブなことがあったときは自信がつき、ないと思っていた才能の可能性を感じられています。

●嫌なことがあった日や凹んだ日も健やかに眠れて、ネガティブな感情をあまり長く引きずらなくなりました。

心の基礎筋力というか、何かあったときに「感情に引きずり込まれない度」が高まって平和になったと思います。

●夜の祝詞を聞いてから、テキパキと自分の人生を歩めています。どんなに小さくても毎日チャレンジし、ご縁やつきあう人、情報も変わってきました。今、不安な世の中ですが、私は生きることが楽しいです。

●朝、夜の祝詞をセットで聞くことで前向きに明るく、人間関係もほぼ良好で過ごせるようになりました。

●一日の最後に自分を肯定してくれる言葉で眠れるのは本当に最高の体験です。翌日のスタート、目覚めもよくなりました。そうすると一日がスーッといい流れになり安定します。

ほぼ同じことをして、同じ毎日を過ごしているはずなのに、一日のスタートがいいとこんなに違うのかと変化を実感しています。

●仕事中、混乱したり、焦ったり、思い通りいかないことが起きそうなときも、冷静に自分を保てる、そして、いい方向に行けると気持ちを持ち直せるようになりました。

かつては、パニックになって、混乱して、心拍数が上がって頭が真っ白になったり、状況や人を恨んだりしてしまうことも多かったのですが、そんなこともなくなってきました。

●ネガティブ思考がポジティブ思考に変わってきているように感じます。

●今までは、夜中に2時間くらい目が覚めてしまってゆっくり寝られないことが多かったのですが、ぐっすり寝られるようになりました。

また、社会から断絶されて生きることに希望が持てなかったのですが、少しずつ前を向いて行動ができるようになりました。家にいながらでも自分の夢や目標をすでに叶えている人に知り合うことができました。

●まわりからも、頼れるとか、カッコいいと言われることが増えました。夫婦で祝詞を聞いていたら、パートナーとの関係もより穏やかになりました。

●いろいろあって、迷路をさまよっていましたが、明るい光が見えてきました。これまで、まったく自分を信じていなかった、自分のすべてが嫌いだったのが嘘のようです。ありがとうございます。

いかがでしょうか。

多くの方が変化を感じられています。

では何をしたかというと、

**「ただ朝と夜に祝詞を聞いただけ」**

です。


では、聞くだけなのになぜ変わるのか。

そのカギが、

「自動的に頭の中で流れている言葉」

です。

詳しくお話ししましょう。

## 自動的に頭の中で流れている言葉がある

普段人は、頭の中でさまざまなことを考えています。

アメリカ国立科学財団のデータによると、一日当たり1・2万〜6万回の思考を行っていると言われています。

さらにいうと思考の80％がネガティブな思考であり、一日の思考の約9割が前日と同じ内容を繰り返しているとのこと。

そして前日と同じ内容を繰り返している思考は、すべて無意識的に、自動的に行われています。

つまり、

**「普段している思考のほとんどが無意識的に、自動的に流れている」**

ということです。

たとえば、自分のことを否定しがちで、ネガティブな思考が強い人は、毎日毎日同じようなネガティブな思考がずっと頭の中で流れています。

しかも無意識的に、自動的に……。

これを少しでも止め、**ポジティブな思考に変えていければ、無意識的に、自動的にポジティブな思考が流れるようになります。**

実は、「朝聞くといい朝の祝詞」と、「夜寝る前に聞くといい夜の祝詞」はそれを狙ってつくったものです。

私のこれまでの経験から、多くの人はこういうときにネガティブに考えてしまうというポイントを押さえ、そこで違う解釈を提示し、ネガティブにはならずにポジティブに解釈できるような文章をつくっています。

自動的なネガティブループを食い止め、新しいポジティブな解釈と思考を入れていく。

二つの祝詞ではそれを実施しています。

ただただ毎日毎日聞くだけ。

結果は紹介したお声の通りです。

## 目標達成の邪魔をする「そうはいっても……」という心の声

「アファメーション」というものをご存じでしょうか。

**アファメーションとは、自分の理想や目標達成した状態を思い描き、それを過去完了形の言葉にして繰り返し唱え、宣言する手法**です。

これは自己啓発や成功哲学の世界ではよくある手法で、波動に影響を与える四つの状態と三つの行動でいうと「口業」に当たる部分のメソッドになります。

アファメーションを唱えていくことで潜在意識に浸透していくとよく言われるため、口業（アファメーション）を通して意業（潜在意識・無意識的に流れる言葉）を変えていく手法と言えます。

理論理屈はそうなのですが、実はこの一連のプロセスの中で「口業を通して意業を変える」という部分で引っかかる人が多く、結果、**アファメーションをしてもなかなか変わらないという人が多い**のです。

では何に引っかかるかというと、たとえば今、月収20万円のサラリーマンの人が「私は月に100万円を稼いだ」と唱えるとします。

それを唱えていくと、心の中にごくごく自然に、

**「そうはいっても……」**

**という心の声（意業）**が流れてきます。

「そうはいっても、今の仕事でそれだけの給料を稼げるわけないし。副業をしようにも自分にそんな能力もないし。そもそも今は本業でいっぱいいっぱいで、副業するだけの時間的、体力的な余裕もないし……」

そんな声が毎回毎回流れてきます。

いくら口業（アファメーション）で望む未来を過去完了形で唱えたとしても、この状態では意業は変化しません。

実は、この**「そうはいっても……」という口業と意業の乖離《かいり》が、アファメーションをしてもなかなか目標が達成できない理由**です。

## ❖ 意業を変えれば、身業も変わる！

通常アファメーションとは、望む状態を過去完了形にして唱えることですが、前述したように、それでは心の中に抵抗が生まれ、なかなか実現しませんし、現実も変わりにくいです。

**カギは「意業」の部分。**

つまり、無意識的に自動的に頭の中で流れている言葉です。

アファメーションに対して、**意業の部分が、**

## 「そうはいっても」から「そうだよな！」に変われば現実が変わる！

現実を変えるには、「頭の中に流れている言葉」を変えること

**「そうだよな！」**
**となれば、その望む状態は実現の方向に進み出します。**

実は、「朝聞くといい朝の祝詞」「夜寝る前に聞くといい夜の祝詞」は、それを行っています。

たとえば、「朝、今日は素晴らしい一日だと思ったほうがいいけど、そんなことはなかなか思えない。だって……」と、多くの人がこの後に素晴らしいなんて到底思えないような理由を続けます。

しかし、朝の祝詞は「いや、素晴らしい一日になるよ。なぜなら……」と、本人の頭の中で切り替わりが起こる言葉を投げかけることで意業を少しずつ変えていきます。

夜の祝詞も同じです。

多くの人が夜寝る前に「今日もダメだったなぁ。なぜなら……」となってしまったり、将来の不安に押しつぶされそうになってしまったりしますが、自己嫌悪に陥る理由を無効化したり、将来の希望に目を向けられるような言葉を投げかけ、少しずつ意業を変えていきます。

ただ聞くだけのものなのに、前述したようなたくさんの方が変化、効果を実感されているのは、祝詞の文章の中にそんな仕掛けを入れているからです。

ただ聞くだけでその効果なのに、これをアファメーションにしたらどうでしょうか。

アファメーションは、三つの行動の一つ「口業」です。

そして、**アファメーションによって自動的に頭の中で流れる言葉である「意業」を変えることができれば、実際の行動「身業」にも影響を与え、目標の達成はぐっと近づく**のです。

そして、その**意業を変えるためには、これからお話しする、「自分でつくるマイ祝詞」が必要**なのです。

## 「マイ祝詞」は、望む人生を手に入れる最強の武器

ここまでご紹介してきた「朝の祝詞」「夜の祝詞」は、メンタリティを変え、悩みにくくなったり、心が前向きになったりする効果のあるものですが、実は自分用の「マ

イ祝詞」が大きな効果を発揮します。

**マイ祝詞を作成し、唱えていくことで、自分が持っていた考え方の癖が修正され、望む人生が実現しやすくなります。**

しかし、それには**手順やルールを守ることが重要**です。

心は繊細なもので、「これがいいんだ！」と無理やり思い込もうとしても受け入れられないものは受け入れられません。

小さなころから「勉強したほうがいい！」と散々言われてもできなかった人が多いと思います。

それと同じです。

無理やりやろうとしても心は受け入れません。

**手順やルールを学び、踏襲して「マイ祝詞」をつくっていただくことで、**

**口業から意業が変わり、**

**身業が変わり、**

**波動が変わり、**
**現実が変わります。**

まさに**「マイ祝詞」は、望む人生を手に入れる最強の武器**です。

次章から考え方やコツをお伝えしていきますので、ぜひ自分に特化したマイ祝詞を作成し、望む人生を手に入れてください。

第2章

# 「マイ祝詞」をつくるための四つの手順

それでは、実際に望む現実をつくるアファメーション「マイ祝詞」をつくっていきましょう！

## 「ネガティブ・キャンセリング」を実施する

まず最初に、**「ネガティブ・キャンセリング」**を実施します。

ネガティブ・キャンセリングとは、ネガティブな要素を消し去る作業のことです。

これは目標を書き出すときや、何かのアイデアを出したいとき、クリエイティブな作業をするときなどには、まずはやったほうがいいことです。

前章で波動に影響を与える四つの状態、「身体の状態」「心の状態」「エネルギーの状態」「環境の状態」についてお伝えしましたが、ネガティブ・キャンセリングでもこの四つのレベルにおいてネガティブな要素をなくしていくことが大事です。

この中でも特に「心の状態」「エネルギーの状態」「環境の状態」を整えることでク

リエイティブな状態をつくり出すことができます。

それぞれについて解説しますので、マイ祝詞をつくる前に実施してください。

## ●心のネガティブ・キャンセリング

私たちは普段、さまざまなことにとらわれて生きています。

そのとらわれがあると雑念に振り回され、明晰《めいせき》な思考ができなくなってしまいます。

そのため、自分と向き合うときやクリエイティブな仕事をするとき、できるだけ雑念を払い、思考を明晰にすることが大切です。

明晰な思考を妨げる雑念の元は何かというと、

・**心に閉じ込めた過去のマイナス感情**
・**日常の雑事やしがらみ**
・**不安、期待**

といったことなどです。

まずはそれらをすべて紙に書き出し、吐き出すという作業をする必要があります。

次の項目について、できるだけたくさん紙に書き出してください。

## 【心のネガティブ・キャンセリング・ワーク①】

過去の誰か（両親、兄弟、祖父母、親戚、先生、友達、自分自身……）への悲しみ、憎しみ、怒り、くやしさ、苦しみ、「○○してほしかった」という思い、「○○したかったのに」という思いなどを思い出しながら、手はぐるぐると動かし、白紙に書きなぐってください。ぐるぐると書きなぐることで、それにまつわる感情が紙に吐き出されていきます。

また過去の出来事を思い出しているうちに、自然とそれに関連するさまざまな出来事がフラッシュバックすることもありますし、未来のことを想像していると、急に過去の出来事を思い出すこともあります。

そんなときは、思い出すに任せながら、ぐるぐると書きなぐっていってください。

また思い出す過程でその思いを言葉に出したくなることもありますし、言葉を出したほうがより感情が出やすい人もいます。

## 心のネガティブ・キャンセリング

四つのワークをすることで、フラットな思考が得られる

そんな場合は、その言葉を口に出してもいいので、言葉を発しながらぐるぐると書きなぐってください。

**【心のネガティブ・キャンセリング・ワーク②】**

今の自分が縛られていること、したくはないけどしなければならないこと、本当はしたくないけど仕方なくしていること、つきあいたくないけどつきあっている人間関係などを書き出してください。

心のネガティブ・キャンセリング・ワーク①はぐるぐると書くだけでしたが、こちらのワークでは文字、文章にしていただいて大丈夫です。

**【心のネガティブ・キャンセリング・ワーク③】**

今感じている不安、未来の恐怖、そして「こうなってほしい」「こうなったらいいのに」といった未来への期待などを書き出してください。

**【心のネガティブ・キャンセリング・ワーク④】**

①②③を一通り書き出したら、すべての紙をビリビリに破り、できれば燃やしてください。

破り燃やすことで、今の自分がとらわれていることからいったん自由になります。それによってフラットな思考が得られます。

ちなみに、心のネガティブ・キャンセリング・ワーク②で出した、したくはないけど仕方なくしていることや、つきあいたくないけどつきあっている人間関係は、それらをやめろ、人間関係を断てというわけではありません。

それらは、クリエイティブな作業をするうえで制限のない自由な発想の妨げになるため、いったんそれらのとらわれから解放することが目的です。

## ●エネルギーのネガティブ・キャンセリング

私たちは普段から、ネガティブなエネルギーを受けています。

エネルギーは目には見えないものですので気づかないのですが、どんな人もその影響を受けています。

神社に入るとき、手水舎《ちょうずしゃ》で口と手を水で清めた経験は誰でもあると思います。

あれは清浄なる空間である聖域に入るために、日常で受けたネガティブなエネルギーを祓う行為です。

日常的にネガティブなエネルギーを受けているからです。

そして人は、ネガティブなエネルギーを受けていると、思考もネガティブになります。

そのため、クリエイティブな作業をする前には、ネガティブなエネルギーを清める必要があります。

ネガティブなエネルギーを祓うにはさまざまな方法がありますが、簡単にできる方法をいくつかご紹介します。

- **神社参拝**
- **滝や水のきれいな場所で深呼吸する**
- **海辺で深呼吸する**
- **海由来のお塩を入れたお風呂に入る**
- **温泉に入る**

## エネルギーのネガティブ・キャンセリング

神社参拝

海辺で深呼吸

温泉に入る

これらの方法で、ネガティブなエネルギーを清めよう

こういったことを実施することで、ネガティブなエネルギーを清めることができます。

昔、私の会社では自分がやりたいことを見つけたり、これからのビジョンを明確にしたりする合宿を開催していました。

合宿では、まずエネルギーを清めるために、水のきれいな場所（川、海、滝など）を訪れ、30分ほどその場でゆっくりとした呼吸をしながらくつろいでもらうようにし、その後で神社を参拝してから合宿地に行くようにしていました。

そうすることで参加される皆様のエネルギーが清められるとともに、日常から少しずつクリエイティブモードに移行してもらうためです。

## ●環境のネガティブ・キャンセリング

環境に関してネガティブ・キャンセリングを実施することも大事です。

実施していただきたいのは、

### ・情報

・**場所**

の二つです。

## 【環境のネガティブ・キャンセリング① 「情報」】

私たちは、普段から「膨大な情報」の嵐に巻き込まれて暮らしています。

一説によると、現代人が一日に触れる情報量は江戸時代の一年分、平安時代の一生分とも言われています。

それだけの膨大な情報の嵐の中にいては、クリエイティブな思考になろうとしてもなかなかなれません。

ちょっとしたきっかけでさまざまなことが気になりだし、思考がそちらに引っ張られてしまいます。

ですので、ワークの前には**「情報を遮断する」**ことがとても大事です。

特にスマートフォン！

ワークに取り組むときには、スマホは見ないようにしてください。できるなら電源を切り、ワークが終わるまで離れたところに置いておくこと。電源を入れていると、スマホが反応するたびに一瞬でそちらに意識が引っ張られてしまい、クリエイティブな思考の妨げになります。

ちなみに、スマホを保管するタイマー付きのコンテナがあります。それはスマホをコンテナの中に入れ、タイマーを設定すると、その時間までスマホを出すことができなくなるグッズです。

現代人のスマホ依存は相当なものですので、そういったグッズを活用することも有効な手段の一つとなります。

## 【環境のネガティブ・キャンセリング②「場所」】

私たちの思考は、「場所」の影響をとても色濃く受けています。

波動の高い場所にいると、思考はとてもクリエイティブになり、波動が低い場所にいると思考は乱れます。

乱れるというのは具体的に言うと、ネガティブなことが気になったり、ネガティブな発想になったりするということです。

前述しましたが、かつて私の会社で開催していたビジョンを明確にする合宿は、思考をクリエイティブにするために波動がとても高い場所で実施していました。

波動が高い場所では時間感覚がゆっくりになり、思考も感情も穏やかになります。

合宿が終わり、車で東京の自宅に戻る道中のことです。

街に近づくにつれて「あっ、あれやっておかなきゃ」とか、「あっ、あの人に連絡しておかなきゃ」といった考えがどんどん頭に流れてきていました。

意識していないと気づきづらいですが、街には忙しない波動や焦りの波動が渦巻いています。

そこに足を踏み入れると自動的に思考は変わり、日々追われていることなどが気になりだします。

それではクリエイティブな作業はできません。

クリエイティブな作業を行うには、できるだけ日常から離れた波動が高い場所で実施するようにしてください。

波動が高い場所といっても、すぐにはわかりづらいかもしれません。

- **気持ちのいい場所**
- **自然の中（特に山や森）**
- **静かで落ち着く場所**

そういった場所は波動が高いです。

ちなみに自然の中は、なぜ海ではなく山や森かというと、経験上、海は癒されすぎて何もやる気が起きなくなることが多かったからです。

疲れているからそうなるのですが、せっかく時間を取ってクリエイティブな作業をしに行ったのにやる気が起きなくなってしまっては本末転倒です。

長い期間を確保できるなら海でも問題ありませんが、短期間でクリエイティブな作業をしに行くときには海は避け、山や森が望ましいでしょう。

## 環境のネガティブ・キャンセリング

日常から離れた場所に身を置くことで、
クリエイティブな思考に切り替わる

こういった手法を使ってネガティブ・キャンセリングを実施することで、よりクリエイティブな思考に切り替わります。

これは今回のようなマイ祝詞を作成するときだけでなく、目標を設定するとき、やりたいことを明確にしたいとき、事業のアイデアを出したいときなどでもぜひ実施してみてください。

## 望む現実を創るアファメーションは順番が大事

それではいよいよ望む現実を創るアファメーションである「マイ祝詞」を作成していきますが、まずはマイ祝詞の構造についてお伝えします。

**マイ祝詞は、「順番」が極めて大事です。**

順番通りに読むからこそ、自動的に頭の中で流れる言葉が変わり、結果として現実が変化していきます。

では、マイ祝詞の順番とはどのようなものかというと、

**手順❶　望む未来を断言する**
**手順❷　ブロックしている思いを言語化する**
**手順❸　無効化する言葉をつくる**
**手順❹　インストールする言葉を書いてつなげる**

という構造と順番になっています。
それぞれを解説していきます。

### 【手順❶】望む未来を断言する

まずは通常のアファメーションと言われる手法と同じように、望む未来の実現を断言した言葉を入れます。

### 【手順❷】ブロックしている思いを言語化する

通常、手順❶の望む未来を言葉に出したとき、多くの人の心の中で「そうはいっても……」という、実現を妨げる思考が無意識的に出てきています。

ここでは、それらを明確な言葉にしていきます。

## 【手順❸】無効化する言葉をつくる

手順❷で明確な言葉にした「そうはいっても……」という実現を妨げる思考に対し、その考え方を変え、とらわれを無効化できるような文章をつくります。

## 【手順❹】インストールする言葉を書いてつなげる

最後に、望む未来が実現するための言葉を書き、これまでの文章をつなげます。

望む現実を創るアファメーションである「マイ祝詞」は、この順番で一連の文章をつくっていきます。

## 「マイ祝詞」をつくるためには順番が大事

**手順❶** 望む未来を断言する

**手順❷** ブロックしている思いを言語化する

**手順❸** 無効化する言葉をつくる

**手順❹** インストールする言葉を書いてつなげる

「マイ祝詞」を作成するときは、四つの順番をしっかり守ろう

## 願望が実現しない人は、いつも「ブロック」のところで止まっている

願望実現や目標達成の手法の一つとしてよく言われるアファメーションですが、アファメーションを実施してうまくいく人とうまくいかない人がいます。

うまくいく人は、宣言した願望や目標に対し「できる」と思っています。

そのため、アファメーションを唱えたときにも違和感はなく、すんなりと受け入れることができます。

一方うまくいかない人は、願望や目標に対し、「できない」「自分には無理」と思ってしまいます。

そしてうまくいかない人は、アファメーションを読んだときに、何とも言えない言葉にもならない「違和感」を感じます。

本人は、それが何なのかがわからないため、ぐっと我慢し、毎日、無理やりアファ

メーションを唱え、何とか願望を叶えようとします。

この違和感こそが、手順❷の「ブロック」です。

通常のアファメーションではこの違和感をそのままにするため、アファメーションを唱えるたびにそこで止まってしまいます。

つまり「できない」「自分には無理」を払拭できないため、なかなか願望が実現できないのです。

これが、アファメーションを唱えても多くの人が願望が実現できない理由です。

**願望を実現していくには、「できない」「自分には無理」を、どうやって「できる」に変えていくかがポイント**になります。

「できない」「自分には無理」が「できる」になれば、その願望が実現するのは時間の問題になります。

## ポイントは「ブロックの言語化」と「無効化する言葉」

「できない」「自分には無理」を「できる」に変える。

そのカギとなるのが、**「ブロックの言語化」と「無効化する言葉」**です。

達成できない人は、「できない」「自分には無理」と思っているのですが、本人はその理由が何なのかがわかりません。

前述したように、何とも言えない、言葉にならない違和感としてしか感じられないからです。

そんな本人も認識していないもののことを「暗示」と言います。

暗示とは、読んで字のごとく「暗に示すもの」ですから、本人は認識できません。

自分で自分に「できない」と自己暗示をかけているのです。

そんな「できない」という暗示を解くにはどうしたらいいかというと、**「暗示の逆を**

**する」**ことです。

暗示の逆、つまり明示、**「明らかに示す」**ことです。

詳しく言うと、**「自分ができない、無理と思っている理由は何なのかを言語化していく」**ことです。

それこそが手順❷で実施する「ブロックの言語化」です。

願望が叶わない人は、アファメーションを唱えるごとに、このブロックは常に立ちはだかります。

しかし、それは暗示であるため、本人は何なのかわかりません。

それを言葉にしてあげること（明示）で、初めて暗示を解く第一歩となります。

そして手順❷の後に続く手順❸の「無効化する言葉」とは何かというと、**本人が「できない」と思っている理由を一つひとつ解きほぐしていく作業**です。

「いや、こう考えればいいんじゃない？」「こういうやり方をすればできるんじゃない？」といった提案をし、本人が無意識に思っている「できない理由」を一つひとつ無効化していきます。

それらを行っていくことで、ブロックは少しずつ解きほぐされていきます。

その状態で、**最後に手順❹の「インストールする言葉」を書き、すべての文章をつないで唱えると、抵抗なく「できる」と思えるようになっていきます。**

ポイントは「ブロックの言語化」と「無効化する言葉」とお伝えしましたが、マイ祝詞では、なんともいえない、言葉にならない違和感を明示し、それを解きほぐすかにかかっています。

それらが的確にできると「インストールする言葉」が頭に入るからです。

そのために、次の章からマイ祝詞のそれぞれのパートの言葉をつくっていきましょう。

第3章

# 「マイ祝詞」をつくろう

手順❶ 望む未来を断言する

## ❖願望を出す五つのコツ

それでは、ここから順番に「マイ祝詞」をつくっていきましょう。

前述したように、マイ祝詞は次の順番で構成します。

【手順❶】望む未来を断言する：まずは通常のアファメーションと言われる手法と同じように、望む未来の実現を断言した言葉を入れます。

【手順❷】ブロックしている思いを言語化する：通常、手順❶の望む未来を言葉に出したとき、多くの人の心の中で「そうはいっても……」という実現を妨げる思考が無意識的に出てきています。ここではそれらを明確な言葉にしていきます。

【手順❸】無効化する言葉をつくる：手順❷で明確な言葉にした「そうはいっても……」という実現を妨げる思考に対し、その考え方を変え、とらわれを無効化できるような言葉をつくります。

【手順❹】インストールする言葉を書いてつなげる：最後に望む未来が実現するため

**の言葉を書き、これまでの文章をつなげます。**

ここではまず**【手順❶ 望む未来を断言する】**の言葉からつくっていきます。

ここについては、通常よく使われる**「望む未来を完了形にして唱える」**というアファメーションで大丈夫です。

ここで作成するマイ祝詞は、望みが叶わない理由となる「勘違い」や「思い込み」を明確にし、それを変えていくことを意図しているため、そもそもその望みが叶わない理由となる「勘違い」や「思い込み」を明確にすることがまず必要です。

そのため、この手順❶は、実は**その勘違いや思い込みを湧き上がらせることを目的**としています。

それにはどうしたらいいかというと、ただ単に**願望を出すだけ**です。

とはいえ、単に願望を出すだけとはいってもすぐには出ない人も多いので、願望を出すコツをお伝えします。

## 【願望を出すコツ❶】自分への許可

これまで多くの人の「本当にやりたいこと」を見つけるワークをサポートしてきましたが、願望はすぐ出る人となかなか出ない人がいます。

そしてそれらの人の違いは**「自分への許可」**にあります。

自分への許可とは、**「どんな現実を自分に許可してあげるか」**というものです。

「自分にはそんなこと無理」
「自分には才能がないから」
「そんなお金がかかることは自分には……」
「自分なんて……」
「自分だけ申し訳ない気がする」

そんな思いが邪魔をして、やりたいことを思いつくことさえ封印している人が結構多いのです。

そこでカギとなるのが「自分への許可」です。

**「願望を叶えてもいい」**
**「いい現実を実現してもいい」**

このように自分で自分に許可を出してあげてください。
それでも難しい人は、

**「自分が自分にどんな現実をプレゼントしてあげるか？」**
**「自分が自分にどんな現実を経験させてあげたいか？」**

と思ってみてください。

英語で「今」のことを「present」（プレゼント）と言います。
それは、「過去の自分が自分に対して許可というプレゼントをしてあげたものが今だから」です。

今の自分が素敵な未来をプレゼントしてあげる。

そんな感覚を持ってみると、願望がいろいろと出てくるかもしれません。

## 【願望を出すコツ❷】「どんな条件も揃っているとしたら……」とつぶやく

なかなか願望が出ない人は、今の自分や自分の状況に縛られていることがあります。

今の自分は、知識はないし、才能はないし、スキルはないし、お金はないし、人脈はないし……とないもののオンパレードです。

そうなると、願望を書き出しましょうと言っても出るものも出ません。

そんなときには自分に対して、

**「どんな条件も揃っているとしたら……」**

と言ってみてください。

今の自分は今までの自分が創り上げた自分であって、今の自分で願望を出そうと思っても何の条件も揃っていないのは当然です。

しかし、これからの自分が今の自分と同じわけではないですし、ここから成長すれば問題ありません。

今、知識がないなら学べばいいですし、才能がないなら身につけて磨けばいいですし、スキルがないなら身につければいいですし、お金がないならお金の勉強をして資金を調達すればいいですし、人脈がないならたくさんの人と出会いに行けばいいのです。

**今の自分で考えないことです。**

「どんな条件も揃っているとしたら……」

ぜひ自分にそう言ってみてください。

ちなみに、**心の中で思うよりも、言葉に出すほうが効果は高い**ので、自分だけに聞こえればいいので、小さな声でそのようにつぶやいてみてください。

## 【願望を出すコツ③】場所を変える

願望を出すとき、場所にこだわるのはとても大事です。

人は環境の影響を色濃く受けています。

波動の高い場所にいると波動の高い自分にアクセスでき、波動の高いアイデアが出るようになりますし、波動が低い場所にいると波動の低い自分にアクセスし、波動が低いアイデアが出てしまいます。

かつて治安が悪かった80年代のニューヨークで、当時の市長が「窓が割れていたらすぐに直す。落書きがあったらすぐに消す」といったことを実施したことで治安が回復したというお話（※他にもさまざまな施策も実施されました）もありますが、それは窓が割れたり、落書きがあったりする環境にいると、人は破壊的な思考になり、破壊的な行動につながるからです。

このように人は、環境、場所の影響をもろに受けます。

**願望を出すときも同様で、場所を変えることで願望が出やすくなります。**

ではどんな場所で取り組めばいいのかというと、シンプルに**「波動が高い場所」**です。

波動が高い場所の中でおすすめなのは**「自然の中」**です。

中でも願望を出すには、**「森や山」**が適しています。

海もいいのですが、海は包容力があり癒されすぎて、すべてのことが「もういい」「どっちでもいい」と思えるようになってしまい、願望を出すのに適さない印象です。

願望を出すなら山や森のほうが出しやすいです。

私の会社で実施していた合宿では、海も森もある場所で開催していました。

ネガティブ・キャンセリングは海でやって、願望を出すのは森といった具合に、そのときそのときで場所を使い分けていました。

そうやって自然の中に行くのもいいのですが、**「行ってみたい場所や憧れの場所」**などで実施するのも一つの方法です。

たとえば、将来は高級なホテルに泊まってみたいと思っているなら、そういった場所に行くことで出てくる思考やアイデアは変わります。

高級ホテルに宿泊すると費用もかさむため、ホテルのラウンジなどでもいいかと思います。

また、**「理想的な生活をしている自分がやっているであろう、行っているであろうシチュエーション」**で実施してみるのも有効です。

キャンピングカーで旅をしたいなら、キャンピングカーを借りてみてその中で願望出しをするなどです。

そうやって場所を工夫してみてください。

いろいろと工夫をしてみて、思考の変化や出るアイデアの変化を体感してみると、場所の大切さを実感するとともに、自分に合った場所がわかるようになります。

## 【願望を出すコツ④】散歩する

実際に願望を出すことに取り組んでみると、いい場所で取り組んだとしても行き詰ることがあります。

そんなときには散歩をしてみてください。

散歩の前に「自分が実現したいことは？」「どんな条件も揃っているとしたらどんなことがしたい？」と自分に問いかけ、その状態で散歩してみてください。

たとえば、通勤電車の中でいいアイデアを閃くことがあるという方は少なくないと思います。

それは、**私たちの脳は、空間移動をしているときにアイデアが出やすくなる特徴があるからです。**

私自身も仕事や書籍の執筆などで、何かアイデアが必要だけどなかなかいいアイデアが出ないときには、散歩やドライブに行ったりします。

移動中にいいアイデアが出ることはよくあります。

ちなみにアイデアはすぐに消えてしまうため、必ず紙とペンを持参し、アイデアが出てきたらその場でメモを取るようにしてください。

とはいえ、ドライブしながらだと紙とペンを持つことはできないため、どちらかというと散歩をおすすめします。

## 【願望を出すコツ❺】実際に紙に書く

つい先ほど「紙とペン」とお伝えしましたが、**願望を出すにはスマホやパソコンに**

**打ち込むよりも、紙に書いたほうがより出やすくなります。**

それは実際に書くほうが潜在意識をたくさん活用でき、より自分の深い部分の情報にアクセスしやすいからです。

スマホやパソコンに打ち込むよりも**紙に文字を書くほうが、かなり複雑な運動となり、脳が刺激される**ことがわかっています。

アイデアというものは脳にすでに入っている記憶同士の結びつきですので、脳が刺激されればされるほど新しい結びつきが生まれ、それが新しいアイデアになります。

つまり、紙に書き出すことで、さまざまなアイデアが出やすくなるのです。

また、散歩中に持つ紙はメモ帳などの小さなものじゃないと難しいですが、書き出すときには小さな紙よりも大きな紙のほうがアイデアは出やすくなります。

人は余白があると埋めたくなるため、メモ帳よりもA４くらいの紙のほうがさまざまなアイデアが出やすいでしょう。

書き出すときにはA４くらいの白紙に書くようにしてください。

## 願望を出す五つのコツ

**コツ❶**

自分への許可

**コツ❷**

「どんな条件も揃っているとしたら……」
とつぶやく

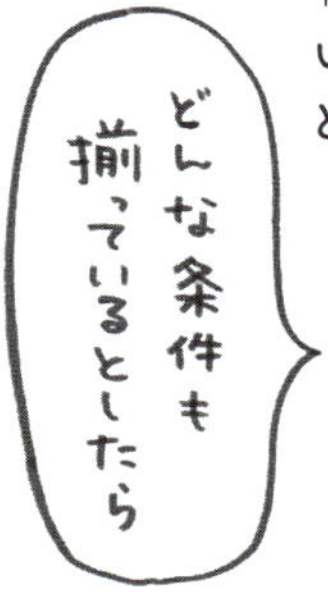

**コツ❸**

場所を変える

**コツ❹**

散歩する

**コツ❺**

実際に紙に書く

五つの中から、自分に一番合った方法でやってみよう

なかなか願望が出づらいといった方はこういったコツを活用し、まずはとにかく紙に書き出すことを実践してみてください。

## それでも願望がなかなか出ない人のための四つのワーク

それでも願望が出ないという人は、次のワークを実践してみてください。
最初に、**「ジョハリの窓」**という概念をお伝えします。
それは、自分の中に次の四つの窓があるというものです。

❶開放の窓：自分も他人も認識している自分
❷秘密の窓：自分は認識しているが、他人は認識していない自分
❸盲点の窓：他人は認識しているが、自分は認識していない自分
❹未知の窓：自分も他人も認識していない自分

自分の中にはこの四つの窓があって、今自分自身が「自分はこんな人間！」と思っ

## ジョハリの窓

| | 自分は認識している | 自分は認識していない |
|---|---|---|
| 他人は認識している | 1 **開放の窓** 自分も他人も認識している自分 | 3 **盲点の窓** 他人は認識しているが、自分は認識していない自分 |
| 他人は認識していない | 2 **秘密の窓** 自分は認識しているが、他人は認識していない自分 | 4 **未知の窓** 自分も他人も認識していない自分 |

ているのは、このうちの「①開放の窓」「②秘密の窓」を使って行っています。

しかし、自分の中には自分がまだ気づいていない「③盲点の窓」「④未知の窓」の部分があります。

ここを知れば、自分の思考がかなり広がりますし、ここが開花することでさまざまなことができる自分になっていきます。

プロセスとしては、

**［1］盲点の窓、未知の窓を知る**
**［2］盲点の窓、未知の窓が開花した自分を知る**
**［3］その自分なら、どんなことを実現できているかを出す**

というものになります。

このやり方をすることで思考が自由になり、さまざまな願望が出やすくなります。

またその願望は「自分の中にある可能性が開花した自分ができること」なので、叶うかどうかわからないような荒唐無稽なものではなく、可能性を開花させれば実現できる確実性の高いものとなります。

まずは盲点の窓、未知の窓を知るために、次の**「自己像ワーク」**に取り組んでください。

こちらの自己像ワークは、ネガティブなことは出さなくて大丈夫です。ポジティブなことだけを書くようにしてください。

**【ワーク1】**

**❶自分の中で自分が好きな自分を書き出してください。**

出した好きな自分に対して、人からも言われる場合は「a」、自分だけそうだと思っている場合は「b」とご記入ください。

**❷客観的に自分はどんな人間だと思いますか？**

出した自分に対して、人からも言われる場合は「a」、自分だけそうだと思っている場合は「b」とご記入ください。

**❸人から褒められること、よく言われることを、お世辞だと思うことも含め書き出してください。**

出たものに対して、自分もそうだと思う場合は「a」、自分はそうは思わないという場合は「c」とご記入ください。

**❹憧れる人や素敵だなと思う人など、なりたいなと思う人を書き出してください。**

歴史上の人物や、映画や漫画の登場人物といった架空の人物などでもOKです。

**❺❹で出した人のどんな部分（要素）が素敵だと思うのかを書き出してください。書き出した要素がすべて「d」になります。**

（桑名の例）

三浦知良：ひたむきな部分、自分の可能性を信じきる部分、努力する部分

ビートたけし：知性とユーモア、包容力

坂本龍馬：信念、小さな力で大きなものを動かす部分
甲本ヒロト：本質を生きる、シンプル

**❻日常の中でうらやましいな、なりたいなと思う人を書き出してください。**

**❼❻で出したうらやましいと思う人のどんなところにうらやましいと思うのかを書き出してください。**

書き出した要素がすべて「d」になります。

**❽普段関わる人など最低5名に「自分のいいところ」をお聞きください。**

お聞きした項目の中で、自分もそうだなと思う場合は「a」、自分はそうは思わないという場合は「c」とご記入ください。

【ワーク2】

【ワーク1】で出たものについて、それぞれ次のように分類してください。

a：開放の窓
b：秘密の窓
c：盲点の窓
d：未知の窓

**【解説】**

ワークをしていて疑問に感じられた方もいると思います。

「なぜ人から言われることや憧れる人の要素が自分の可能性なの？　特に憧れる人は自分にはないから憧れるのではないの？」


**「盲点の窓」**に関しては、自分が認識していないだけで他人は知っている部分です。

それはいつも言われているのに、自分が受け取っていないだけの部分です。

**だから盲点の窓の自分を知るには、誰かに聞けばいいのです。**

そして一番の問題が**「未知の窓」**。

それは自分も他人も知っていない部分なので、なかなか知るすべはありません。

しかし、未知の窓の要素は、実は心には響いていたりします。

波動の基本は、「自分と同じ波動のモノが響き合う」という共鳴現象です。

憧れる人というのは、その人に共鳴しているということです。

つまり、その**「憧れる人に共鳴する何かが、自分の中にもある」**ということにほかなりません。

それこそが「憧れる人の要素」です。

それが自分の中にあるからこそ、その人に憧れる、つまり共鳴するのです。

しかし、それが自分の中にあるというのはなかなか信じられません。

信じられないからこそ未知のままになっているし、可能性のままになっています。

**「それは自分の中にもある」ということを信じ、それを開花させるように取り組んでいくと開花していきます。**

## 【ワーク3】

「盲点の窓」「未知の窓」が開花した自分をイメージしてください。

その自分は、今の自分よりもかなり素敵な自分です。

その自分ならどんな現実を生きているでしょうか？

想像して絵にしてみてください。
・どんな服装？
・どんな表情？
・どんな場所にいる？
・まわりにはどんな人がいる？
・どんなことをしている？

【ワーク4】

【ワーク3】で出した自分ならどんな現実を生き、どんなことを実現しているでしょうか？

それを紙に書き出してください。

この一連のワークをすることで、さまざまな願望が出てきます。
ぜひ一度、時間をつくって取り組んでみてください。

## マイ祝詞で実現したい願望を決める

ここまでのワークで出した願望から、マイ祝詞でつくるものを一つ決めてください。
しかし、選ぶ際に二つのポイントでつまずくことがあります。

❶願望がたくさんありすぎる場合
❷願望が大きすぎる場合

この二つについて解説します。

### ❶願望がたくさんありすぎる場合

願望がたくさんありすぎる場合には、次の二つのことを意識してみてください。

・**「自己完結できること」を願望にする**
・**「どんな自分なら」という要素を願望にする**

## 「自己完結できること」を願望にする

さまざまな願望を見ていると、自分でできることと、自分の力だけではどうしようもないことがあります。

たとえば「誰かに会いたい」という願望は、その誰かがいなければ達成できません。それは自分だけではどうしようもないことがあるので、**自己完結できないことは、マイ祝詞の願望からは外してください。**

自分自身が知識やスキルを吸収して成長したり、頑張って何かに取り組んで成果を出したりすることで達成できることにしてください。

## 「どんな自分なら」という要素を願望にする

願望が「叶う」と書きますが、実は「適う」もかなうと読みます。

これはつまり、願望というものは**「願望に適した自分」になれば叶う**ということを示唆しています。


たとえば「素敵なパートナーと結ばれる」という願望を設定したとします。

その願望は、自己完結はできません。

願望が実現するためには相手の人が必要だからです。

そんなとき、「どんな自分なら素敵なパートナーと出会い、結ばれるだろうか？」と考えます。

それには、

・きれいな自分
・コミュニケーションができる自分
・おしゃれな自分
・知的な自分
・料理が上手な自分
・お酒が飲める自分

・稼いでいる自分

人それぞれさまざまな要素が出てくると思います。
そんな自分を願望に設定してください。

**願望は「願望の実現に適した自分になれば叶う」ですから、自分自身が今の自分からその自分に発展向上していけば、その願望はおのずと現実のものとなっていきます。**

またたくさんある願望のうち、素敵な自分になればあの願望も、この願望も叶うというものもあるかもしれません。

ではそれはどんな自分かを考え、そんな自分になることを目指してみてください。

## ❷願望が大きすぎる場合

**願望が大きすぎる場合には、まずは「手前の願望」を設定してみてください。**

私は2012年ごろに本を出したいなと思い、その実現に向けて動いたことがありました。

しかし、そのときは箸にも棒にもかからず、実現することができませんでした。

そのとき自分で思ったのが、

「今の自分では実力も影響力もないからだ。出版社から声がかかるくらい実力と影響力を伸ばそう」


と決意し、いったん「手前の願望」を設定し、それを達成することに取り組みました。

一つずつ達成していくと、5年後に本当に出版社からお声をかけていただき、6年後に一冊目の本を出版することができたのです。

このように、**「手前の願望を設定し達成する」ことで大きな願望は実現できます。**


**また、「SMARTの法則」**というものがあります。

これは効果的な目標を立てるために優れた方法です。

**Specific（具体的な）**

**Measurable（計測可能な）**
**Achievable（達成可能な）**
**Relevant（関連性のある）**
**Time-bound（期限付きの）**

この五つを満たすことを目標にすることで達成しやすくなります。

もう少し噛み砕いて表現すると、

**「具体的で、進捗具合が計測できて、達成可能なもので、大きな願望の実現に関連し、いつまでに達成するかが明確なもの」**

です。

もちろんこの手法は得意な人と苦手な人がいます。

## SMARTの法則

Specific　Achievable　Time-bound

**SMART**

Measurable　Relevant

具体的　計測可能　達成可能

関連性のある　期限つき

五つの項目を満たす目標を探してみよう

得意な人はSMARTの法則通りに設定すると途端にモチベーションが上がりますが、苦手な人は、たとえば「数値化」といった単語を見るだけで思考が止まります。

得意不得意はあるので必ずしもというわけではないですが、こういった指標も参考にしてみてください。

## 「望む未来を断言する」言葉をつくろう

ここまでで出した願望のうち、一つに絞り込み、

**「私は○○をしています」**

**「私は○○な人間です」**

といった断言する言葉をつくってください。

それが「手順❶ 望む未来を断言する」の言葉になります。

第4章

# 「マイ祝詞」をつくろう

## 手順❷ ブロックしている思いを言語化する

## ブロックとは、心の中に流れる「無意識の言葉」

ここでは「手順❷ブロックの言語化」を実施します。
実際にワークに入る前に、ブロックとは何かをお伝えします。

**ブロックとは、願望を実現することを妨げる障害**のようなものです。
何かやろうと決めても、その障害があることでなかなか動けなかったり、いざ動いてもうまく前に進めなかったりします。

アファメーションを唱えるときも同じです。
第1章でお伝えしたように、「○○している」とアファメーションを唱えても、心の中で「そうはいっても……」という**「無意識の言葉」**が心の中で流れています。

多くの人はそれを無理やり抑え込もうとしたり、気づかないようにしようとしたりしますが、心の中のその思いは消えることがありません。

この章では、ワークを通してその「無意識の言葉」を明確にしていきます。

## 実現したいことについての心の中の地図を作成する

実現したいことがなぜ実現しないのか？

それにはさまざまな心の綱引きが関係しています。

**未来に何か願望を抱くとき、何かを実現したいと思うときは、人にはそれが実現することで得られるメリットがある**からです。


しかし、それと同時に**「現在に感じているメリット」もあります。**

たとえば「会社を辞めて大好きなことで起業したい」という願望を持っている人がいるとします。

その人がその願望を達成したときに得られるメリットは、

・大好きなことを仕事にできる

・時間の自由がある
・自分ですべて決めることができる
・通勤電車から解放される
・自分の収入を自分で決めることができる

などさまざまなものがあるでしょう。

しかし、サラリーマンでいる現在にもメリットがあります。

・お金の不安が少ない
・ボーナスがある
・明日お金がなくなってしまうことはない
・毎日やることがある
・自分で考えなくていい
・責任が少ない

それと同じように、願望を達成したときや願望達成の過程にも、メリットだけではなくデメリットもあります。

・失敗するかもしれない
・現在の人間関係が崩れるかもしれない
・誹謗中傷されるかもしれない
・お金がなくなるかもしれない

さまざまなデメリットが考えられます。

このように、「幸せになりたい」「豊かになりたい」「夢を叶えたい」と多くの人は思っていますが、なかなか願望が実現しないのは、

**「現在と実現している未来のメリット、デメリットが絶妙なバランスを保ち、現在の状態をつくっているから」**

です。

仮に現在のメリットも未来のデメリットも一切なければ、人生は未来のメリットの方向に確実に進むはずですから。

ここでは、まずは**「現在と未来のメリット、デメリットを可視化する」**ことを実施していきます。

それにより、自分が実現したいことを阻んでいるものが見えてきます。

次のワークで願望を実現するにあたり、

**「自分を阻んでいるものは何か？」**

を明確にしていきましょう。

## ❖現在と未来のメリット、デメリットを明確にする

ここでは、二つのワークを実践していただきます。

【ワーク1】

次の順番で「現在」と「実現したい未来」それぞれのメリットとデメリットを書き出しましょう。

次ページのような表にするとわかりやすいです。

❶現在のメリット
❷実現したい未来のメリット
❸現在のデメリット
❹実現したい未来のデメリット（※実現する過程で起こるデメリットも含む）

| | 現在 | 実現したい未来 |
|---|---|---|
| メリット | 1 | 2 |
| デメリット | 3 | 4 |

## 【ワーク2】

❶【ワーク1】の❶で**「現在のメリット」**を出していただきましたが、それらがあることによって**「感じているいいこと」「感じなくてよかったこと」**は何でしょうか？

例を参考にして書いてみてください。

**(例)**

**・感じているいいこと**

**起業が目的**：毎月給料があることでの安心感・安定感

**結婚が目的**：一人でいることの自由

**・感じなくてよかったこと**

**起業が目的**：お金がなくなることの不安や心配

**結婚が目的**：パートナーがいることの束縛感

❷【ワーク1】の❶で出した**「現在のメリット」**をご覧ください。

願望を実現する過程では、一時的にそれらのメリットがなくなる可能性があります。

それらがなくなると、どんなことが起こりそうでしょうか？
またどんな気持ちになりそうでしょうか？
**「起こりそうなことや感じそうなこと」**を箇条書きにしてください。

**〈例〉**
**起業が目的**：お金の不安がやってくるかも
**結婚が目的**：一人の自由がなくなって気分が滅入るかも

❸【ワーク1】の❸で出した**「現在のデメリット」**をご覧ください。
それらを眺めていて、**「変えなきゃ」「こんな自分じゃやだめだ」**と思う自分はありますか？　あればお書きください。
ピンとこなければ書かなくても大丈夫です。

**〈例〉**
**起業が目的**：人見知りな自分、継続できない自分
**結婚が目的**：優柔不断な自分、自信がない自分

❹【ワーク1】の❹で出した**「実現したい未来のデメリット」**（※実現する過程で起こるデメリットも含む）をご覧ください。

それらが自分の現実に訪れた状況を想像すると、どんな感じがするでしょうか？

そして、そのときに**「こんな自分は嫌だ」**と思う自分があるかもしれません。

それらが訪れたときに感じてしまうけど、**「感じたくない自分」**は何でしょうか？

**（例）**

**起業が目的**：情けない自分、恥ずかしい自分、仕事ができない自分

**結婚が目的**：容姿と向き合う自分、自由がなくなって苦しい自分

❺【ワーク1】の❷で出した**「実現したい未来のメリット」**をご覧ください。

**「未来のメリットを実現している自分」**はどんな自分でしょうか？

想像して書いてみてください。

**（例）**

**起業が目的**：自信のある自分、ワクワクした自分、自由に生きている自分、有能な自分

結婚が目的：満たされた自分、パートナーの愛に包まれた自分

❻【ワーク1】の❷で出した**「実現したい未来のメリット」**をご覧ください。それらを実現すると**「感じなくてもいい自分」**はどんな自分でしょうか？

**（例）**
起業が目的：努力できない自分
結婚が目的：自信のない自分、満たされない自分

❼**「願望が実現するためにはこの自分ではダメだ」「願望を実現するためにしなければいけないいけど、できるかどうか自信がない」**と思っていることをお書きください。

**（例）**
起業が目的：継続的に努力すること
結婚が目的：魅力的な人間に変わること

❽**「実現する過程で起こりそうで嫌なこと」**をお書きください。

**(例)**

**起業が目的**：家族から反対される、人から否定される、笑われる
**結婚が目的**：お金がかかる、誰からも誘われない、容姿をバカにされる

書き出しましたでしょうか。

それでは、ここまで書き出したものを一覧にしてみましょう。

「メリット、デメリット表」（120ページ参照）に【ワーク2】の❶〜❽を書き込んでください。

## ❖「ブロックしている思い」を言語化する

一覧を確認し、願望を実現するために、自分が**「こうならないと願望が実現しないと思い込んでいること」**や**「とらわれていること」**は何かを感じてみましょう。

**・「克服しないといけない」と思っていることは何でしょうか？**

**・「それがあるとダメだ」と思っている欠点は何でしょうか？**
**・「しないといけない」と思っていることは何でしょうか？**
**・「できるようにならないといけない」と思っていることは何でしょうか？**
**・「その過程で起こってほしくない、起こったら嫌だと思っていること」は何でしょうか？**

それらを思いつくままに書き出してみてください。
**その中でも特に気になるフレーズが、【手順❷ブロックしている思いを言語化する】ことになります。**

書き出したら、例を参考に、第2章でつくった【手順❶望む未来を断言する】とつなげていきましょう。

**（起業が目的の例）**

**【手順❶】望む未来を断言する**

私は独立して月収100万円を達成します。

**【手順❷】ブロックしている思いを言語化する**

しかし、私はそうなるためにはやるべきことを継続的に努力しなければいけないけど、自分はなかなか努力ができないと思っている。

また、実際に起業するときには家族に反対されたり、うまくいかなかったら笑われたりすることが嫌で、なかなか勇気を出して行動することができない。

**〈結婚が目的の例〉**

**【手順❶】望む未来を断言する**

私は素敵なパートナーを見つけて結婚します。

**【手順❷】ブロックしている思いを言語化する**

しかし、「私は自分の容姿に自信がなく、自分なんかを気に入ってくれる人がいるのだろうか？」といつも思っています。

また、「実際に結婚したら、今のように自分だけで気ままに自由に生きることができず、それで苦しくなってしまうのではないか？」と懸念しています。

いかがでしょうか。
これで、「手順❷ブロックしている思いを言語化する」ことができました。

第5章

# 「マイ祝詞」をつくろう

## 手順❸ 無効化する言葉をつくる

## ブロックを「無効化する言葉」とは

望む現実を創るアファメーションであるマイ祝詞ですが、実はこの章が最も大事な章になります。

まずは、マイ祝詞作成の順番をおさらいしておきましょう。

マイ祝詞は次の順番で構成されています。

【手順❶】望む未来を断言する：まずは通常のアファメーションと言われる手法と同じように、望む未来の実現を断言した言葉を入れます。

【手順❷】ブロックしている思いを言語化する：通常、手順❶の望む未来を言葉に出したとき、多くの人の心の中で「そうはいっても……」という実現を妨げる思考が無意識的に出てきています。ここではそれらを明確な言葉にしていきます。

【手順❸】無効化する言葉をつくる：手順❷で明確な言葉にした「そうはいっても……」という実現を妨げる思考に対し、その考え方を変え、とらわれを無効化できる

**ような文章をつくります。**

**【手順④】インストールする言葉を書いてつなげる：最後に望む未来が実現するための言葉を書き、これまでの文章をつなげます。**

そして第4章では「手順❷ブロックしている思いを言語化する」を実施しました。

この章では、それを無効化する言葉をつくっていきます。

**ブロックを無効化する言葉とは何かというと、前の章で言語化したブロックに対し、その考え方を変えたり、おかしな思い込みやとらわれをなくしていく言葉**のことです。

第4章で出したブロックは、自分が望む未来の実現に対して妨げになると思っているものです。

その影響力をなくしてあげることで、より「できる」と普通に思えるようになります。

実は、第1章でご紹介した「朝の祝詞」「夜の祝詞」は、主にこのブロックを無効化することを実施しています。

朝起きたときや夜寝る前に多くの人が考えそうなネガティブな事柄を「こう考えるといい」という方向に誘導し、ネガティブを無効化する言葉を祝詞の中に入れています。そうすることで通常ならネガティブになるところをネガティブに陥らず、ポジティブな状態に持っていくことができます。

それを毎日聞いていると、自然とその思考回路が出来上がるため、聞くだけでメンタリティや人生に変化が現れてきます。

## 無効化する言葉の例

そうはいっても、どんなものなのかなかなか想像しづらいと思いますので、第4章で出した二つの例を取り上げてみましょう。

第4章ではまず次のような文章をつくりました。

（起業が目的の例）

【手順❶】望む未来を断言する

私は独立して月収100万円を達成します。

## 【手順❷】ブロックしている思いを言語化する

しかし、私はそうなるためにはやるべきことを継続的に努力しなければいけないけど、自分はなかなか努力ができないと思っています。

また、実際に起業するときには家族に反対されたり、うまくいかなかったら笑われたりすることが嫌で、なかなか勇気を出して行動することができません。

ここでこの方のブロックになっているのは、

・継続的に努力をしないといけないいけど自分はできない
・家族に反対されることが嫌
・うまくいかなかったときに笑われたくない

ということです。

それぞれについて、それがブロックではなくなるように言葉を使って無効化していくことが「無効化する言葉」です。

たとえば「継続的に努力をしないといけないけど自分はできない」ということに対して何か別の考え方ができないかと考えてみます。

すると、

・努力に対して変な誤解がないか?

・努力は努力でもやりたいことの努力はできたんじゃないか?

といったことが思いつきます。

次に「家族に反対されることが嫌」に対しては、

・家族が反対しているのは単に心配しているからじゃないか?

・もしそうなら心配しないでいい理由を見せればいいのでは?

「うまくいかなかったときに笑われたくない」ということに対しては、

・何をやっても笑う人はいる
・そもそも笑う人って応援してくれない人であって、そんな人とはつきあわないほうがいい

といった考えが思いつきます。

さまざまな納得できる材料が出せたら、それらの材料をつないで一つの言葉にしていきます。

**【手順❶】望む未来を断言する**

私は独立して月収100万円を達成します。

**【手順❷】ブロックしている思いを言語化する**

しかし、私はそうなるためにはやるべきことを継続的に努力しなければいけないけど、自分はなかなか努力ができないと思っています。

また、実際に起業するときには家族に反対されたり、うまくいかなかったら笑われたりすることが嫌で、なかなか勇気を出して行動することができません。

## 【手順❸】無効化する言葉をつくる

でも本当にそうだろうか？

もちろん実現するためには継続的にしないといけないかもしれないけど、嫌なのは苦しい努力であって、これまでもやりたいことであれば続けられたじゃないか。

だから苦しい努力ではなくて、やりたいことを続けることを意識すればいい。

また最初は、家族は反対するかもしれないけど、それは心配しているからであって、ちゃんと成果を出して心配の理由をなくせば反対もしなくなると思う。

うまくいかなくて笑うような人は、そもそも応援してくれない人だからつきあわなくていいじゃないか。

そんなつきあわなくていい人のせいで行動できないのはもったいないし、悔しくなる。

だからむしろ行動したほうがいいんじゃないか。

いかがでしょうか。

無効化のプロセスでは、「ブロックの言語化」で出た言葉一つひとつを「いや、そう考えなくていいよ」とケアをし、マイナスの思い込みを解いていきます。

もう一つの例についてもやってみましょう。

**(結婚が目的の例)**

**【手順❶】望む未来を断言する**

私は素敵なパートナーを見つけて結婚します。

**【手順❷】ブロックしている思いを言語化する**

しかし、「私は自分の容姿に自信がなく、自分なんかを気に入ってくれる人がいるのだろうか?」といつも思っています。

また、「実際に結婚したら、今のように自分だけで気ままに自由に生きることができず、それで苦しくなってしまうのではないか?」と懸念しています。

ここでこの方のブロックになっているのは、

・自分の容姿に自信がない
・自分を気に入ってくれる人がいるか疑問

・自由気ままに生きられないかもしれない

ということです。

これらに対して、先ほどと同じように別の考え方を探っていきます。

「自分の容姿に自信がない」「自分を気に入ってくれる人がいるか疑問」ということに対して何か別の考え方ができないかと考えてみます。

すると、

・素敵なパートナーと結婚している人の全員が容姿がいいわけではない
・容姿は変えられないけど、髪、メイク、服装など、今から魅力的に整えることができる部分はある

といった考えが思いつきます。

また「自由気ままに生きられないかもしれない」という考えに対しては、

・今まで一人の時間しか知らなかったから想像できないのでは？
・もしかしたら心地のいい二人のペースをつくれるかもしれない
・それぞれのペースを尊重できる人と出会えればいい

といった考えが思いつきます。

それらの納得できる材料が出たら、それらをつないで一つの言葉にしていきます。

**【手順❶】望む未来を断言する**

私は素敵なパートナーを見つけて結婚します。

**【手順❷】ブロックしている思いを言語化する**

しかし、「私は自分の容姿に自信がなく、自分なんかを気に入ってくれる人がいるのだろうか？」といつも思っています。

また、「実際に結婚したら、今のように自分だけで気ままに自由に生きることができず、それで苦しくなってしまうのではないか?」と懸念しています。

## 【手順❸】無効化する言葉をつくる

でも、本当にそうでしょうか?

世の中で素敵なパートナーと出会って結婚している人の全員の容姿がいいかというとそうではない気がします。

容姿がよくなくても、髪を整えたり、メイクを勉強したり、笑顔でいることで違う魅力が出せるかもしれません。

それに自分だけで気ままに自由に生きられないかもしれないけど、お互いのペースを尊重できる人であれば自分の時間も確保できるし、もしかしたら一人で気ままにいるよりも、二人で過ごす時間のほうが素敵な時間になるかもしれない。

そんな人と出会えれば何も問題ないし、そんな人に出会えるように自分を磨けばいい。

いかがでしょうか。

このように手順❷で出てきたブロックの一つひとつに対して、丁寧にそれを無効化する言葉を紡いでいきます。

**注意すべきなのは、これはあくまでも一例であって、すべての人に有効な言葉ではないということです。**

人によって「確かにそうだよな」と思える解釈や言い回しが異なります。

この言葉を読んで「そうだよな」と思える人と、「いや、そうはいっても」と思ってしまう人がいます。

「いや、そうはいっても」となってしまう人は、また別の言葉や別の表現を紡ぎ出していく必要があります。

## 「無効化する言葉」をつくるときの三つのコツ

前述したように、「無効化する言葉」は、すべての人に同じように効果のある言葉があるとは限りません。

人それぞれ異なります。

さらにいうと、本人が深く納得するものでなければ無効化はできません。

そこで「無効化する言葉」をつくるときのコツを三つご紹介します。

## 【コツ❶】「イエスセット」を意識する

セールスのスキルの一つに「イエスセット」というものがあります。

それは、セールスする側が何度も「イエス」と返事するような質問を投げかけていくと、次の質問にも「イエス」と答えやすくなってしまうというテクニックです。

たとえば今日が10月17日であれば、「今日は10月17日ですよね?」と聞くと「イエス」となります。

そして木曜日であれば、「木曜日ですよね?」と尋ねると、当然ながら「イエス」となる。

そうやって相手から「イエス」という反応を引き出していくと、少しずつ肯定的な姿勢がつくられていきます。

これを使うことで、伝える側が伝えやすくなるため、セールスの現場だけでなく、講演などでも使われます。

そんなイエスセットですが、「無効化する言葉」ではそれを大切にしてください。

つまり、**紡ぎ出した答えに対し「そうだよな(イエス)」となることが大事**です。

もしその言葉が「いやー、そうはいっても……」となると途端に心の抵抗が生まれ、効果がなくなってしまいます。

その反応は論点だけでなく、言葉の言い回しだけでも変わります。

「そうだよな」が続くように、丁寧に言葉をつくってください。

## 【コツ❷】無理やりな自己説得をしない

「無効化する言葉」をつくることにおいて、結構多くの人が起こしがちな誤りが、**「無理やりな自己説得」**です。

特に「頑張ればできるはず」といった自己説得は心に抵抗感が生まれ、効果は半減します。

多くの人は頑張ることが嫌いか、すでにさまざまなことを頑張っていて、これ以上は頑張れない状態にあります。

そんな人に「頑張ればできる!」と言っても難しいでしょう。

**自己説得は「泣いている子どもを諭すように優しく」が基本です。**

自分が心から納得できる材料を探し、それを組み込んでいくようにしてください。

## 【コツ❸】言葉の使い方を意識する

言葉とは繊細なもので、ちょっとした言い回しで抵抗感が生まれるか、納得できるかに分かれます。

たとえば「自分を信じてやっていこう」という言葉よりも、「少しずつ自分を信じるように取り組んでいけばいい」というと抵抗感はぐっと軽減されます。

前者では心は「イ、イ、イエス……」となりますが、後者では「イエス！」となります。

このようにちょっとした言い回しで心の納得度が変わるため、抵抗感が少なくなるように工夫してください。

たとえば私は、「だんだん」「少しずつ」といった言葉を付け加えたり、「〇〇してみるといい」「〇〇でいいんじゃないだろうか？」「〇〇かもしれない」といった断定を避けたりするように気をつけることも多いです。

## 「無効化する言葉」をつくるときの三つのコツ

**コツ❶**

「イエスセット」を意識する

**コツ❷**

無理やりな自己説得をしない

**コツ❸**

言葉の使い方を意識する

三つのコツをヒントに、自分に合った言葉をつくろう

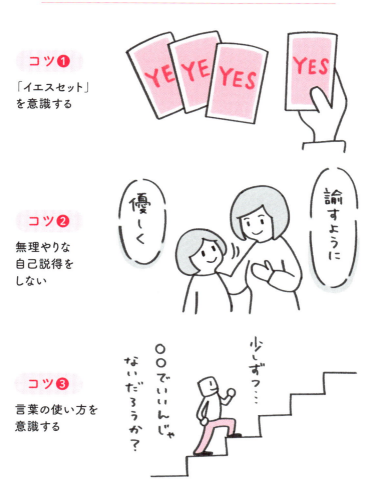

## 「無効化する言葉」をつくってみよう

これまでの例を踏まえ、自分で無効化する言葉を探ってみましょう。

1．第4章で出したブロックを箇条書きにしてください

①

②

③

④

⑤

2. それぞれに対し、違った考え方ができないかを考えてみましょう

①・・・・

②・・・・

・・・・③

・・・・④

・・・・⑤

## ❖無効化する言葉がなかなか出ないときの三つの対処法

ここまでのコツを踏まえて無効化する言葉をつくってみるといいのですが、実際につくろうとすると、これが結構難しいものです。

なぜかというと、**達成できていない人は達成するための「視点と視座」がない**ことが多いからです。

視点と視座というものは、人生経験で培われます。

実現したいことが実現していないというのは、その視点と視座がないからだとも言えます。

視点と視座がない人は、いくら無効化する言葉をつくろうとしてもなかなかできません。

つくれるなら、すでにクリアできているからです。

ではどうやって「無効化する言葉」をつくればいいかというと、次の三つを参考にしてみてください。

**①クリアしている人、実現している人に聞いてみる**
**②本や動画で探す**
**③AIを活用する**

それぞれのポイントをお伝えします。

## ①クリアしている人、実現している人に聞いてみる

前述したように、実現したいことを実現している人は、実現する過程でさまざまな経験をしているため、それを実現するための視点と視座を持っています。

そのため、その人に自分のブロックとなっていることを相談してみると、さまざまなアドバイスが得られます。

ですが、そのためにやはり注意事項が必要です。

## 無効化する言葉が出ないときの三つの対処法

1

クリアしている人、
達成している人に
聞いてみる

2

本や動画で探す

3

AIを活用する

三つの方法を参考にすると、効果的に打開策が得られる

注意事項の一つは、**「11年以上成果を出している人に聞く」**ということです。

詳しいお話は省略しますが、私たちの人生は11年周期でさまざまなことが起こるようになっていて、11年かけて11種類のエネルギーを身につけていきます。

そして私自身の経験や、これまでのさまざまな方のサポート経験からくる経験的なことでいうと、何かを始めてから3年、6年、9年で試練や学びの出来事が訪れます。

それらを一つひとつクリアし、11年かけて11種類のエネルギーを身につけた人と、始めてから5年の人では経験値の幅がまったく異なります。

たとえば、11年のうちに頑張るべき経験と頑張らないほうがいい経験や、自分で乗り越える経験と人に頼る経験、そういった相反する経験を経ることで人としての幅ができ、さまざまな視点、視座が養われます。

自分のブロックとなっていることと、5年の経験値を持つ人が乗り越えたテーマが同じであるならば、そのアドバイスは有益なものになるでしょうが、そうでないならば、そのアドバイスを聞いたところで、ブロックが無効化されることはありません。

ですので、できるなら「11年以上成果を出している人に聞く」ようにしてください。

そして注意事項のもう一つは、**「アドバイスには違和感を覚えることがある」**ということです。

その違和感と、実現を妨げるブロックである「そうはいってても……」というものとは別のものです。

繰り返しになりますが、今の自分がその願望を実現していないなら、実現するための視点、視座がないということです。

今の自分が自分一人で頑張ることばかりしていて、実現するためには人に頼る必要があるとき、「人に頼ることが大事」と言われてもすんなり納得はできません。

逆もまた然りで、人に頼りきっている人が、「自分で乗り越えろ」と言われても違和感があります。

そのように、実現している人からのアドバイスには違和感を覚えることがあります。

そのときには**「（実現したいことを実現している）この人は自分にはわからないことがわかっている」**と思うようにしてみてください。

ちなみに、私も常にそう思うようにしており、何かあれば師に相談するようにしています。

何かをやろうとしたときに相談してみて、「まだ早いよ」と言われたらやらないようにしています。

理由も聞かない。

理由を聞いたところで今の自分ではわからないからです。

そして、そのやろうとしていたことができる段階になったときに、「あぁ、あのときの自分では早かったなぁ」と気づくものです。

それくらい「実現できていない自分にはわからないものだ」と認識しておくことも大事なことです。

実現している人に聞くときには、

- **11年以上成果を出している人に聞く**
- **アドバイスには違和感を覚えることがある**

ということを意識しておいてください。

そのことを踏まえ、実現している人からブロックを無効化するようなアドバイスを受けると的確な言葉をつくることができます。

## ②本や動画で探す

本や動画でヒントを探して無効化する言葉をつくるときに注意すべきなのは、**「今の自分に必要な正しい答えにヒットするかどうか」**ということです。

私自身、本を出したり、動画を発信したりしている人間だからよくわかるのですが、発信にはトレンドがあります。

つまり、今読まれる本や発信されている情報の多くは、多くの人が興味を持っている情報であって、今の自分にとって本当に必要な情報かどうかはわからないということです。

そこでおすすめなのが、たとえば本でいえば**「長く読み継がれている名著を参考にする」**ということです。

長く読み継がれている名著は、時代の流れに影響されない本質的な情報が書かれています。

時代やトレンドが変わっても本当に大事なことは変化しないため、長く読み継がれている名著を何度も読むことはおすすめです。

また動画でいうと、**「その動画を発信している人がどういう人なのか」**を気にするようにしてください。

大事なのは「クリアしている人、達成している人に聞いてみる」の項目でお伝えした「11年以上成果を出している人」です。

よく見られている動画ほど、トレンドに合ったものであることが多いです。

つまり、よく見られている動画配信者は、トレンドに乗ってうまくいった人であることも多いのが実情です。

**その人がトレンドに乗ってうまくいっただけの人なのか?**

**それとも本質を大切にしながら、トレンドにも乗っているのか？**

それは、やはりその人が11年以上成果を出しているかどうかである程度見えてきます。

本にしても動画にしても、そのリソースには十分注意してください。

## ③AIを活用する

今や日進月歩の勢いで発達しているAIですが、AIは日常の悩みを相談してみるとさまざまな答えを提供してくれます。

ここまで「人に聞く」「本や動画で探す」ということをご紹介しましたが、実は**「AIに聞いてみることが最も現実的で早い手段」**になるかと思います。

AIにはさまざまなものがありますが、ここでは最も有名なChatGPTでの相談事例と、グーグルが提供しているAIであるGeminiでの相談事例を見てみましょう。

まずは、

**【手順❶】望む未来を断言する**

私は独立して月収100万円を達成します。

しかし、私はそうなるためにはやるべきことを継続的に努力しなければいけないけど、自分はなかなか努力ができないと思っています。


**【手順❷】ブロックしている思いを言語化する**

また、実際に起業するときには家族に反対されたり、うまくいかなかったら笑われたりすることが嫌で、なかなか勇気を出して行動することができません。

というブロック一つひとつに対してそれぞれ聞いてみます。

たとえば「継続的に努力しなければいけないけど、自分はなかなか努力ができないと思っている」というブロックに対して、ChatGPT に次のように聞いてみました。


**【AIへの質問文❶】**


私は独立して月収100万円を達成したいと思っています。

しかし、私はそうなるためにはやるべきことを継続的に努力しなければいけないけど、自分はなかなか努力ができないと思っています。

そんな私に有効なアドバイスをください。

AIに聞けば現実的な対応策が得られる!

するとこのような回答が出てきました。

**【ChatGPT の回答】**

月収100万円を独立して達成するための道のりは大変ですが、計画的に取り組むことで実現可能です。以下のアドバイスを参考にしてみてください。

**1　目標設定を明確にする**

100万円という具体的な目標を細分化し、月ごとの小さな目標を設定しましょう。たとえば、最初の3ヵ月で30万円、次の3ヵ月で50万円など、段階的に達成できるようにします。

**2　自分の強みを活かす**

あなたが得意なことや興味のある分野を考え、それをビジネスに活かせる方法を見つけてください。情熱を持てる分野での活動は、続けやすくなります。

### 3　習慣化する

努力が続かない場合、毎日少しずつの習慣をつくることが大切です。毎日決まった時間に作業をする、週に一度のレビューを行うなど、日常に組み込んでみてください。

### 4　コミュニティをつくる

同じ目標を持つ人たちとのつながりをつくることで、モチベーションを高め合い、情報交換ができます。ＳＮＳやオフラインイベントなどを活用してみてください。

### 5　小さな成功を祝う

目標を達成した際には、自分を褒める時間を設けることが重要です。小さな成功体験を積み重ねることで、自信がつきます。

### 6　フィードバックを受け入れる

自分の取り組みを定期的に振り返り、改善点を見つけることが成長につながります。他人からの意見も大切にしましょう。

最初は難しく感じるかもしれませんが、少しずつ進んでいくことで確実に前に進めます。あなたの成功を応援しています！

同じ質問をGeminiにも投げかけてみると、次のような回答が得られました。

【Geminiの回答】

独立して月収100万円を達成するという目標、素晴らしいですね！　継続的な努力が難しいと感じているとのことですが、多くの人が同じ悩みを抱えています。

そこで、目標達成をサポートする具体的なアドバイスをいくつかご紹介します。

**1　目標を細分化する**

大きな目標を達成するには、それを小さなステップに分解することが重要です。月収100万円を達成するために、まずは月収10万円、30万円といったように段階的な目標を設定し、それぞれの目標達成に集中しましょう。

## 2 毎日の習慣を見直す

成功している人は、日々の習慣を大切にしています。早起き、スケジュール管理、タスクの優先順位付けなど、効果的な習慣を取り入れて、日々の生産性を高めましょう。

## 3 行動計画を立て、実行する

目標達成には具体的な行動計画が不可欠です。毎日のタスク、週ごとの目標、月ごとの進捗状況などを明確化し、計画的に行動することで、モチベーションを維持しやすくなります。

## 4 自分にご褒美を与える

目標を達成したら、自分にご褒美を与えましょう。達成感と喜びを味わうことで、さらに努力を続けるモチベーションにつながります。

## 5 周囲の人を巻き込む

目標を達成したいことを周囲に宣言したり、同じ目標を持つ仲間を見つけたりすることで、モチベーションを維持しやすくなります。

### 6 諦めない

努力を継続する中で、困難や挫折を経験することもあるでしょう。しかし、諦めずに努力を続ければ、必ず目標を達成することができます。

これらのアドバイスを参考に、自分自身のペースで努力を継続し、独立して月収100万円を達成してください！ 応援しています！

これらの回答のうち、自分の心が納得するものや、「そう考えればいいのか！」「それならできそう！」と思うものを選択していきます。

・自分の強みを活かして情熱の持てる分野のことをする
・目標を細分化する

・小さな目標を達成してモチベーションを維持する
・細分化した目標を達成したら自分にご褒美を与える

といったことに納得感があるなら、それらを選択します。

逆に「それはちょっと……」と思うものは言及する必要はないので無視して大丈夫です。

そしてそれらを言葉にしていきます。


**【AIの回答をヒントにしてつくった「無効化する言葉」】**


もしかしたら努力が嫌なのは、難しいことに挑戦しようとしすぎで、できないことを克服するために頑張らないといけないと思っていたからかもしれません。

自分の強みを活かして、できることから始めれば情熱が持てるし、その分野のことをまずやっていけばいい。

また努力ができないのは、目標が大きすぎてモチベーションが続かないだけなのかもしれません。

月収100万円につながる小さな目標を立て、達成し、その達成度が見えればモチベーションが湧いて結局継続できるかもしれないし、その都度自分にご褒美を与えてあげればもっとやる気が出てくる。

その結果として月収100万円に近づいていくかもしれません。

努力ができないと思う前に、まずは小さな目標を設定して達成するということから取り組んでみよう。

＊

いかがでしょうか。

同様のやり方で、

・家族に反対されることが嫌

・うまくいかなかったときに笑われたくない

についてもそれぞれＡＩに聞いてみましょう。
まずは「家族に反対されることが嫌」ということに対しては、次のように問いかけます。

**【ＡＩへの質問文❷】**

私は独立して月収１００万円を達成したいと思っています。
実際に起業するときには家族に反対されることが嫌で、なかなか勇気を出して行動することができません。
そんな私に有効なアドバイスをください。

すると ChatGPT と Gemini それぞれで次のような回答が得られました。

**【ChatGPT の回答】**

家族の反対を乗り越えて独立するためには、いくつかのステップを考慮すると良いでしょう。以下のアドバイスが役立つかもしれません。

## 1　家族とのコミュニケーション

まず、家族としっかりと話し合いましょう。自分の目標や夢、そしてそのために考えている具体的なプランを共有することで、理解を得やすくなります。

## 2　リスクを説明する

起業にはリスクが伴いますが、そのリスクをどう管理するかを考えることで、家族の不安を和らげることができます。具体的な対策や計画を持っていると安心感を与えられます。

## 3　段階的に進める

一気に独立するのではなく、まずは副業から始めるという方法もあります。これにより、家族もあなたの取り組みを見守りやすくなりますし、成功体験を積むことで自信もつきます。

## 4　サポートを求める

もし周囲に起業経験者がいるなら、アドバイスやサポートを求めることも大切です。家族以外の人からの理解や励ましが、心強い支えになることがあります。

**5 自分のビジョンを明確にする**

自分が何を実現したいのか、そのためにどんな道を進むのかをしっかりと考え、ビジョンを明確に持ちましょう。自信を持って行動するための支えになります。

**6 柔軟な姿勢を持つ**

家族の意見や反対に対しても柔軟に考え、時には妥協する姿勢を持つことが重要です。理解を得られるように努力することで、関係性も良好に保てます。

少しずつでも行動に移していくことで、あなたの情熱や努力が家族にも伝わるはずです。勇気を出して、一歩ずつ進んでいってくださいね！ 応援しています。

**【Gemini の回答】**

独立して月収100万円を達成したいという気持ち、素晴らしいですね！　家族に反対されるのが心配で行動に移せないとのこと、よくわかります。多くの人が同じ悩みを抱えています。

勇気を出して行動するためのアドバイスをいくつかご紹介します。

**1　家族に本気で向き合う**

独立したい理由、将来のビジョン、具体的な計画を丁寧に説明し、家族の不安や疑問に真摯に答えましょう。熱意と誠意をもって伝えることで、理解を得られる可能性が高まります。

**2　成功事例を共有する**

独立して成功している人の事例や、あなたのビジネスモデルに近い成功例を家族に紹介することで、不安を軽減できるかもしれません。

### 3　期限を設ける

「○ヵ月以内に○○を達成する」など、具体的な目標と期限を家族に提示し、本気度を示しましょう。期限内に成果を出すことで、家族の信頼を得やすくなります。

### 4　副業から始める

いきなり独立するのが不安であれば、副業から始めてみましょう。実績を積むことで、家族にも安心感を与えられますし、独立後のイメージも掴みやすくなります。

### 5　リスクヘッジを検討する

独立に伴うリスクを最小限に抑える計画を立て、家族に説明しましょう。たとえば、初期費用を抑える、生活費を確保する計画などを具体的に示すことで、家族の不安を和らげることができます。

### 6　家族の意見を尊重する

家族の意見にも耳を傾け、尊重しましょう。反対意見の中には、貴重なアドバイスが含まれているかもしれません。

**7　諦めない**

家族の理解を得るには時間がかかる場合もあります。諦めずに、粘り強くコミュニケーションを続けましょう。

独立は大きな挑戦ですが、家族の理解と協力があれば、より心強く、成功の可能性も高まります。頑張ってください！

これらの回答のうち、自分の心が納得するものや、「そう考えればいいのか！」「それならできそう！」と思うものを選択していきます。

続いて「うまくいかなかったときに笑われたくない」についても問いかけてみます。

## 【AIへの質問文❸】

私は独立して月収100万円を達成したいと思っています。
実際に起業したときにうまくいかなかったら笑われたりすることが嫌で、なかなか勇気を出して行動することができません。
そんな私に有効なアドバイスをください。

それに対するChatGPTとGeminiそれぞれの回答が次になります。

**【ChatGPTの回答】**

起業への不安や恐れは、多くの人が経験することです。その気持ちを和らげるために、以下のアドバイスを考えてみてください。

**1　失敗のリスクを軽減する**

完璧を目指すのではなく、リスクを最小限に抑える方法を考えましょう。たとえば、副業として始めることで、失敗しても生活への影響が少なくなります。

## 2　目標を細分化する

100万円の達成という大きな目標を、月ごとの小さな目標に分けて考えましょう。これにより、達成感を得やすくなり、モチベーションを維持できます。

## 3　フィードバックを受け入れる

家族や友人からのフィードバックを活用しましょう。彼らの意見を参考にすることで、改善点を見つけられることがありますし、サポートも得られます。

## 4　他人の目を気にしない練習

小さなことから始めて、他人の評価を気にしない練習をしてみてください。自分の価値や目標に焦点を当てることで、外部の声に影響されにくくなります。

## 5　成功者のストーリーを学ぶ

多くの成功者が失敗を経験しています。彼らのストーリーを読み、失敗からどうやって立ち直ったかを学ぶことで、自分の道を切り開く勇気を得られます。

### 6　自分を信じる

自分の強みや過去の成功体験を振り返り、自己信頼を高めましょう。あなたが持っているスキルや知識を活かすことで、成功の可能性が広がります。

最終的には、他人の意見よりも自分の夢を優先することが重要です。勇気を出して一歩踏み出してみてください。応援しています！

**【Gemini の回答】**

独立して月収100万円を達成したいという目標、素晴らしいですね！　でも、失敗を恐れて行動できない気持ち、よくわかります。多くの人が同じように感じているので安心してください。

まわりの目を気にせず、勇気を出して行動するためのアドバイスをいくつかお伝えします。

## 1　なぜ独立したいのか、明確な理由を持つ

独立の目的を明確にすることで、困難に立ち向かうモチベーションを維持できます。「なぜ独立したいのか？」「独立して何がしたいのか？」を自問自答し、紙に書き出してみましょう。

## 2　成功体験だけでなく、失敗談からも学ぶ

失敗談から学ぶことで、リスクを最小限に抑え、成功に近づくことができます。独立に失敗した人の話も参考に、彼らの経験から教訓を得ましょう。

## 3　小さなことから始める

副業やフリーランスから始め、徐々に独立への準備を進めることも可能です。実績を積み重ねることで、自信にもつながり、まわりの目も変わってくるでしょう。

## 4　まわりの目を気にしすぎない

あなたの人生は、あなた自身のものです。まわりの意見に左右されず、自分の信じ

た道を進みましょう。

批判する人は、あなたが行動を起こしたことに対する嫉妬心を持っている可能性もあります。

**5 行動する**

どんなに準備をしても、行動しなければ何も始まりません。最初の一歩を踏み出す勇気を持ちましょう。

独立は、挑戦と成長の連続です。失敗を恐れず、自分の夢に向かって進んでください！　応援しています！


これらの出てきた回答をもとに、「無効化する言葉」をつくっていきます。

最初に作成した「継続的に努力しなければいけないけど、自分はなかなか努力ができないと思っている」に対する無効化する言葉もつないでつくってみます。

## 【AIを元にしてつくった言葉】

**【手順❶】望む未来を断言する**

私は独立して月収100万円を達成します。

**【手順❷】ブロックしている思いを言語化する**

しかし、私はそうなるためにはやるべきことを継続的に努力しなければいけないけど、自分はなかなか努力ができないと思っています。

また実際に起業するときには家族に反対されたり、うまくいかなかったら笑われたりすることが嫌で、なかなか勇気を出して行動することができません。

**【手順❸】無効化する言葉をつくる**

でも本当にそうだろうか？

もしかしたら努力が嫌なのは、難しいことに挑戦しようとしすぎで、できないことを克服するために頑張らないといけないと思っていたからかもしれません。

自分の強みを活かして、できることから始めれば情熱が持てるし、その分野のことをまずやっていけばいい。

また努力ができないのは、目標が大きすぎてモチベーションが続かないだけなのかもしれません。

月収100万円につながる小さな目標を立て、達成し、その達成度が見えればモチベーションがわいて結局継続できるかもしれないし、その都度自分にご褒美を与えてあげればもっとやる気が出てくる。

その結果として月収100万円に近づいていくかもしれません。

努力ができないと思う前に、まずは小さな目標を設定して達成するということから取り組んでみよう。

また家族に対してはまずはしっかりとコミュニケーションを取り、家族の不安や疑問を聞いてみて、お互いに理解しあえるように努めてみます。

そして失敗のリスクは最小限にできるように、まずは副業から始めてみて、成果が出るようになったときに独立すればいいかもしれません。

*

いかがでしょうか。

これは、AIに有効な考え方を聞いてみて、出てきた材料のうち納得いくものをつなげ、文章としてまとめたものです。

もし仮にＡＩに聞いてみて納得いくものが得られないときには、

「もっと他にネガティブな人でも受け入れやすい考え方はない？」

「さらに有効な考え方を教えて」

「○○はできないから、そのことも踏まえて有効な考え方を教えて」

と、さらに質問を投げかけることで、新たな回答が得られます。

そうやって質問を重ねることで、

「そんな考え方をすればいいんだ」

「そういうやり方ならできそうだ」

といった回答を集められ、かなり精度の高い「無効化する言葉」をつくることができます。

第6章

# 「マイ祝詞」をつくろう

## 手順❹ インストールする言葉を書いてつなげる

## ❖これまでのプロセスを振り返ってみよう

自分の願望を実現するために唱えるマイ祝詞を作成するために、ここまで、

【手順❶】望む未来を断言する：まずは通常アファメーションと言われる手法と同じように、望む未来の実現を断言した言葉を入れます。

【手順❷】ブロックしている思いを言語化する：通常、手順❶の望む未来を言葉に出したとき、多くの人の心の中で「そうはいっても……」という実現を妨げる思考が無意識的に出てきています。ここではそれらを明確な言葉にしていきます。

【手順❸】無効化する言葉をつくる：手順❷で明確な言葉にした「そうはいっても……」という実現を妨げる思考に対し、その考え方を変え、とらわれを無効化できるような言葉をつくります。

を実践してきました。

この章では、いよいよ最後の

**【手順❹】インストールする言葉を書いてつなげる：最後に望む未来が実現するための言葉を書き、これまでの文章をつなげます。**

の作業に入ります。

マイ祝詞は、この「インストールする言葉」を深く浸透させるために、それまでの手順を追っていきます。

ここで抵抗が生まれたら元も子もありません。

そこでもう一度、マイ祝詞の流れを振り返っておきます。

マイ祝詞は、文章の順番が大事で、

## 【手順❶】望む未来を断言する

【手順❷】ブロックしている思いを言語化する
【手順❸】無効化する言葉をつくる
【手順❹】インストールする言葉を書いてつなげる

という順番で言葉をつないでいきましたね。

最初に望む未来を断言すると、心の中で「いやーでもなー」「難しいよなー」「あれもやらないとだし」「自分にできるかな?」「こんなことが起こりそうで嫌だな」といった無意識の心の声が生じます。

多くの場合、その心の声を「強く信じればできる!」といったモチベーションで押し殺そうとしますが、押し殺すことはできず、それが実現を阻むブロックとなります。

しかし、それらは無意識の声なので自分ではあまり自覚していないことが多いのです。

そこで手順❷で、それら無意識のブロックを明文化していきます。

具体的な言葉にできたら、次は手順❸で現実的な対処法を探っていきます。「頑張ればできる！」といった根性論ではなく、ブロックとなっているものに対しての別な考え方を出したり、抵抗なく取り組める現実的なアプローチを提示することで、「これならできる」という状態をつくっていきます。

そして最後に、この章で扱う**【手順❹インストールする言葉を書いてつなげる】**を行います。

これまでのすべてのプロセスは「インストールする言葉」をインストールしやすくするためのプロセスに過ぎません。

ここでの「インストールする言葉」によって、「できる」「やってみよう」という状態になり、現実が前に進みだします。

そのことも踏まえ、インストールする言葉をつくっていきます。

## ❖インストールする言葉をつくる〜自分に許可を出す

ここでつくる「インストールする言葉」は難しいものではありません。

まずは、**【手順❶望む未来を断言する】でつくった言葉を、「許可系の言葉」に変えます。末尾を「○○してもいい」としてみましょう。**

**【手順❶】望む未来を断言する**：私は独立して月収100万円を達成します。

↓　許可系の言葉「私は独立して月収100万円を**達成してもいい**」

**【手順❶】望む未来を断言する**：私は素敵なパートナーを見つけて結婚します。

↓　許可系の言葉「私は素敵なパートナーを見つけて**結婚してもいい**」

繰り返しますが、願望は「叶う」と書き、「適」という字も同じ読み方をします。

つまり「適う」と書いて「かなう」と読みます。

## 望む未来を「許可系の言葉」に変換する

私は独立して月収100万円を達成します

↓

私は独立して月収100万円を達成してもいい

未来は、自分が自分に対して許可を出してあげることで開ける

このことは願望に適した自分になれば、その願望は叶うということを意味します。
そして、**願望に適した自分になるためには、まずは「自分が自分に対して許可する」ことが必要**です。

**今の自分の現実は、過去の自分が自分に対して許可してあげた分だけが広がっています。**

自分にとっての、

**やっていいこと**
**行っていい場所**
**住んでいい場所**
**使っていいお金**
**使っていい時間**

といったものがあり、人によってそれはさまざまです。

旅行にしても近場しか行けない人もいれば、海外に行く人もいます。何万円もする本を平気で買う人もいれば、節約して図書館で済ませる人もいます。合わなければすぐに仕事を辞める人もいれば、我慢して働き続ける人もいます。自分のための時間を取れる人もいれば、自分のための時間となると何をやっていいのかわからなくなる人がいます。

何がいいとか、悪いとかではありません。

ただ、**人によって許可していることが異なる**ということです。

そして、許可が出せずに制限をかけているのは「お金がかかるから」「知識がないから」「才能がないから」などといったさまざまな理由からだったりします。

このように私たちそれぞれが得ている現実、見ている現実は、過去の自分が自分に対して許可してあげた分だけが広がっているのです。

たくさん許可してあげた人はさまざまな現実を経験しますし、許可していない人の現実は狭いものになります。

そして願望に適した自分になるためには、そもそも自分がその現実を得ることを許可しないとできません。

## 自分への許可は、すべての変化の入り口

逆に言うと、許可をしないと未来は開けていきません。

許可とは自分へのプレゼントです。

過去の自分が自分に許可をし、プレゼントしてあげた分が今の現実です。

今から自分に素敵な現実を許可、プレゼントしてあげることで未来は素敵なものになっていきます。


そう考えると、制限をかけるなんてとんでもないことです。

**今の自分が許可をするから未来は開けていきます。**

という話をすると、「許可をしてあげられるだけの理由がないどころか、許可できない理由がたくさんある」ということを言われることがあります。

しかし、許可をしてあげられるだけの理由がないのは当然のことです。

それがあればとっくに許可し、望む現実が自分の現実になっていることでしょうから。

知っておいていただきたいのは、

**「許可が先、理由が後」**


ということです。

まず自分に許可をしてあげたら理由が後付けで見つかったり、その理由が出来上がったりします。

まずは許可をしてあげてください。

また「許可できない理由がたくさんある」ということに関しては、それこそが**【手順❷ブロックしている思いを言語化する】**のパートで言語化したブロックであり、それは**【手順❸無効化する言葉をつくる】**ことで無効化できます。

話が少しそれましたが、このような理由で願望は「自分への許可」によって実現していきます。

そのため、**マイ祝詞の最後は「○○してもいい」という自分への許可の言葉を入れます。**

許可をすればするほど現実は展開していきます。

どんどん許可をしてあげてください。

## それでも抵抗が出る場合には、「クッション言葉」を入れてみる

「許可が大事」

「許可によって現実は広がる」

ということをお伝えしましたが、それでもなかなか許可できないこともあります。

「私は独立して月収１００万円を達成してもいい」

「私は素敵なパートナーを見つけて結婚してもいい」

これらの言葉に対し、「いやー、今の自分ではまだ……」という気持ちが出てくるときには、さらに一工夫をしてください。

たとえば、

**・少しずつ**
**・ゆっくり**
**・だんだん**

といった**「クッション言葉」を入れるだけで、気持ちはかなり変わります。**

たとえば、

「私は独立して月収１００万円を達成してもいい」

↓　私は独立して**少しずつ**月収100万円を達成してもいい。

↓　私は**少しずつ**準備して独立し、月収100万円を達成してもいい。

といった言葉にすると途端に受け入れやすくなります。

また「私は素敵なパートナーを見つけて結婚してもいい」という言葉だと、「少しずつ」といった言葉が入れづらいため、別な表現に変えてみましょう。

「私は素敵なパートナーを見つけて結婚してもいい」

↓　私は**焦らず自分のペースで、自分に合った**素敵なパートナーを見つけて結婚してもいい。

## ❖マイ祝詞を完成させよう

これまでの言葉を手順❶～❹に沿ってつなげるとマイ祝詞の完成です。

手順に沿って書いてみます。

### 独立して月収100万円のマイ祝詞

**【手順①】望む未来を断言する**

私は独立して月収100万円を達成します。

**【手順②】ブロックしている思いを言語化する**

しかし、私はそうなるためにはやるべきことを継続的に努力しなければいけないけど、自分はなかなか努力ができないと思っています。

また、実際に起業するときには家族に反対されたり、うまくいかなかったら笑われたりすることが嫌で、なかなか勇気を出して行動することができません。

**【手順③】無効化する言葉をつくる**

でも、本当にそうだろうか？

もしかしたら努力が嫌なのは、難しいことに挑戦しようとしすぎで、できないことを克服するために頑張らないといけないと思っていたからかもしれません。

自分の強みを活かして、できることから始めれば情熱が持てるし、その分野のことをまずやっていけばいい。

また努力ができないのは、目標が大きすぎてモチベーションが続かないだけなのかもしれません。

月収100万円につながる小さな目標を立て、達成し、その達成度が見えればモチベーションが湧いて結局継続できるかもしれないし、その都度自分にご褒美を与えてあげればもっとやる気が出てくる。

その結果として月収100万円に近づいていくかもしれません。

努力ができないと思う前に、まずは小さな目標を設定して達成するということから取り組んでみよう。

また家族に対してはまずはしっかりとコミュニケーションを取り、家族の不安や疑問を聞いてみて、お互いに理解しあえるように努めてみます。

そして失敗のリスクは最小限にできるように、まずは副業から始めてみて、成果が出るようになったときに独立すればいいかもしれません。

## 【手順④】インストールする言葉を書いてつなげる

だから私は少しずつ準備して独立し、月収100万円を達成してもいい。

## 素敵なパートナーを見つけるマイ祝詞

【手順❶】望む未来を断言する

私は素敵なパートナーを見つけて結婚します。

【手順❷】ブロックしている思いを言語化する

しかし、私は自分の容姿に自信がなく、自分なんかを気に入ってくれる人がいるのだろうかといつも思ってしまいます。

また、「実際に結婚したら、今のように自分だけで気ままに自由に生きることができず、それで苦しくなってしまうのではないか？」と懸念しています。

【手順❸】無効化する言葉をつくる

でも、本当にそうでしょうか？

世の中で素敵なパートナーと出会って結婚している人の全員の容姿がいいかというとそうではない気がします。

容姿がよくなくても、髪を整えたり、メイクを勉強したり、笑顔でいることで違う魅力が出せるかもしれません。

それに自分だけで気ままに自由に生きられないかもしれないけど、お互いのペースを尊重できる人であれば自分の時間も確保できるし、もしかしたら一人で気ままにいるよりも、二人で過ごす時間のほうが素敵な時間になるかもしれません。

そんな人と出会えれば何も問題ないし、そんな人に出会えるように自分を磨けばいい。

**【手順④】インストールする言葉を書いてつなげる**

だから私は焦らず自分のペースで、自分に合った素敵なパートナーを見つけて結婚してもいい。

## マイ祝詞は、願望実現以外にも活用できる!

ここまでは願望を実現するためのマイ祝詞のつくり方をお伝えしてきましたが、実は**自分の内面を変えたり、行動を促したりといったことに関しても使えます。**

私が過去にお客様に対してつくった例をいくつかご紹介します。
【例1】のみ、手順を入れてみます。

## 【例1】「自分の価値が感じられない」という悩み

**【手順❶】望む未来を断言する**

私は自分の価値をさらに認めてもいい。

**【手順❷】ブロックしている思いを言語化する**

でも私は、人からの批判に巻き込まれ、自分責めに転じて自分の価値が感じられないし、完璧でないと失敗したと感じてしまい、そうなった自分に価値を感じられない気がする。

それに、自分を表現できていないと価値を感じられない。

**【手順❸】無効化する言葉をつくる**

でもそれは本当だろうか？
人からの評価で自分を判断する必要はあるだろうか？
人の評価はその人のもので、それを真に受けて信じてしまっているのは自分。

もちろんそんな部分もあるかもしれないけれど、それで「自分はダメ」と責めるのではなく、「その自分も自分の中にいる」とただ受け入れるだけでいいんじゃないだろうか？

それに、自炊して便秘も改善されてきたし、長年こびりついてきたニキビも治ってきて、肌の調子もよくなって身体が喜んでいる。

そんな自分もいる。

価値の感じ方を勘違いしていたのかもしれない。

自分を責めてモチベーションに変えることも大事だけど、自分自身を大事にし、できない部分も含んだ自分を表現する中で感じ、気づく価値もあるし、今までの価値の感じ方とは違う感じ方がある。

**【手順④】インストールする言葉を書いてつなげる**

だから私は、そのままの自分の価値を少しずつ認めてあげてもいい。

**【解説1】**

この方は「自分の価値が感じられない」ということにお悩みでした。

その原因を掘り起こしていくと、人の批判によって自信を失ってしまっていたり、完璧主義で自分を受け入れられなかったり、「自分を表現しないと」という考えにとらわれ、結果として自分の価値を信じられなくなっていました。

それらの思い込みをゆるめるとともに、その人が最近変化してうれしかった実体験も加えて、「価値を感じてあげてもいい」と思える材料を盛り込んでいます。

ちなみにそれらの材料は、ご本人と話をしながら、ご本人の反応を確かめながらつくっています。

### 【例2】「苦手意識を持っていること」への悩み

私は苦手意識を持っていてもいい。

でも私は、失敗を何より恐れているし、事実許されないと思っているし、評価されることが怖いので、苦手意識があるとダメだと思っています。

でもそれは本当でしょうか？

実際どんな人だって失敗することはあるし、それは起こることが起こっただけで、失敗したなら時間をかけて取り返していけばいいこと。

また、許されないというのも、ただそう決めつけているだけかもしれない。

そして本当は、失敗したり、許されなかったりするという現実は、それが起こったというだけで、私がそのことと自分の苦手意識をくっつけているだけらしい。

もっと言うと、私は現実に起こったことと、自分の欠点を結びつけることが天才的にうまいらしい。

本当は私がどんなに優秀でも、どんなに苦手なことを克服しても、失敗するときはするし、評価されないときはされない。

だからそういう現実と私の苦手なことを結びつけず、ただ私はそのままの自分を受け入れることにします。

だから私は、苦手意識をそのまま持っていてもいい。


【解説2】

この方は、苦手意識を持っていることはダメだという観念にとらわれていたため、「苦手意識を持った自分」を受け入れるためのマイ祝詞になっています。

ご本人との対話で、なぜ苦手意識を持っていてはダメなのかを聞いていくと、「失敗する自分」「許されない自分」「責められる自分」「優秀でない自分」「できない自分」といったたくさんの要因がありました。

ですので、それらの自分を克服しようとするのではなく、「苦手意識を持ったそのままの自分で生きていけばいい」という言葉にしています。

## 【例3】「ネガティブに考える癖があること」への悩み

私は、自分の感じていること、考えていること、やっていることを自分の言葉で発信してもいい。

でも、今まで大した生き方もしてなくて、おしゃべりも文章も下手で、面倒くさがりだからエンジンがかかるのも遅くて、そして継続することも苦手だし、「偉そうなことを言って」と思われないかも不安です。

こんなふうに自分を信じられない自分が発信してもいいのだろうか？

でもそれは本当だろうか？

自分が経験したちょっとしたことをブログに書いたとき、「わかりやすい」「参考になる」とも言ってもらえたし、三日も続かない自分がリーディングなら楽しく続けられているし、なんだかんだこうやって文章を書けているし、毎日何かしらの文章を読んだり、書いたりしている。

またこの前、話しやすいと言ってもらえることもあった。

それにSNS上の占いで批判的なレビューがあっても、相談者様は来てくれる。

少しずつ自分を信じていいと思うよ。

だから私は、自分の感じていること、考えていること、やっていることを自分の言葉で発信してもいい。


**【解説3】**

この方は癖ですぐにネガティブに考えがちで、占いやリーディングをしているものの、なかなか情報発信ができないという悩みをお持ちでした。

このマイ祝詞は、その人に成功体験を思い出させ、一歩を踏み出してもらうものになっています。

## 【例4】「いつも周囲が気になる」という悩み

私は自分が人生の主人公になってもいい。

でも、そうすると「私なんて……」と思ったり、怒られるのではないかとか、「恥ずかしいと思わないか？」と言われるのが嫌で、周囲のことがどうしても気になります。

でも本当にそうでしょうか？

自分のことは自分で決めていいことだし、人が怒ることや、人がさまざまなことを言うのはその人のやることで、私が受け取るかどうかは私が決めることです。

感じるものは自分を浄化しながら、私が自分を愛し、自分の生き方を信じてあげることを選択してあげようと思います。

そうやって私は、自分が主人公になるようにしてあげます。

だから私は、自分が人生の主人公になってもいい。

## 【解説4】

この方は、いつも周囲のことを気にしていて、自分から何かをすることが苦手なものの、本当は自分から発信したり、自分から企画したりといったことをしてみたいと思っていました。

そんな方が自分を信頼し、動けるような言葉にしています。

このように、マイ祝詞は願望実現以外にもさまざまな使い方ができるツールです。

ぜひ、自分用にカスタマイズして活用してみてください。

第7章

# 「マイ祝詞」で、人生を思い通りに変える！

あなたの知らない可能性を開花させよう

## マイ祝詞の取り組み方

ここまで、自分の現実を変えるための「マイ祝詞」のつくり方を順を追って説明してきました。

最後の章では、効果的な取り組み方についてお伝えします。

### ●マイ祝詞は、朝、昼、夜の一日3回読む

マイ祝詞は、ただ一度読めばいいというものではありません。**毎日読んでいくことで、少しずつ効果が発揮されていきます。**

理想的には**「毎日、朝、昼、夜の一日3回読む」**ようにしてください。

声に出して読んでいただくのが最も効果的ですが、職場などの場合では声に出して読むことは難しいと思いますので、その場合には黙読でも結構です。

**夜寝る前には、必ず声に出してお読みください。**

**そして、朝、昼、夜の一日3回読むことを、まずは一ヵ月毎日続けてください。**

人の脳には安定化志向というメカニズムがあり、現状を安定に保とうとするため、すぐに一気に変わるということはありません。

マイ祝詞も同様です。

**毎日取り組むことで、人が意識や自覚できない水面下で少しずつ変化が起こってきます。**

そして気づいたときには、前に悩んでいたことがどうでもよくなったり、あまりクヨクヨ考えなくなっていたりするものです。

ですので、劇的な変化を期待せず、また目に見える成果を求めすぎず、まずは毎日淡々と一日3回取り組んでください。

## ●マイ祝詞は、感情を込めず、ただ淡々と読む

毎日朝、昼、夜と読んでいくと、最初のころは意欲高く取り組めるのですが、そのうちただの作業のようになっていくものです。

そんなときによく「感情を込めたほうがいいですか？」とか、「ただ字面を追っているだけで大丈夫？」といったご質問を受けることがあります。

答えは**「感情を込めず、ただ淡々と読むだけで大丈夫」**です。

マイ祝詞は感情を込めて読むやり方よりも、ただ淡々とたくさんの数をこなすほうが効果的に働きます。

それに感情を込めていたら長くは続きません。

ただの作業のようになってもいいですし、嫌々でも何ら問題ありません。

とにかく朝、昼、夜の3回を毎日続けてください。

## ●感情が揺れたらネガティブ・キャンセリング・ワークで処理する

毎日マイ祝詞を読んでいくと、さまざまなネガティブ感情が出てきて感情が揺れることがあります。

**毎日マイ祝詞の言葉を唱えることで、その言葉にまつわる過去の記憶が出てきている**からです。

感情が揺れることは悪いことではありません。

その感情と過去の記憶とはつながっているため、感情を適切に処理をしていくことで、過去のネガティブな記憶に縛られることがなくなっていきます。

実は、**マイ祝詞をつくる過程で言語化した「ブロック」は、過去のネガティブな記憶と結びついていることが多い**です。

マイ祝詞を唱えていくことでその記憶が浮上し、記憶とともに出てくる感情を適切に処理することにより、ネガティブな記憶に縛られることがなくなる、つまりブロックが無効化されるということです。

感情が揺れることはネガティブなことではなく、マイ祝詞が効いている証拠です。

では、**感情を適切に処理するとはどうするかというと、それが第2章で紹介した「心のネガティブ・キャンセリング・ワーク」**です（62ページ参照）。

その心の中で感情を感じながら、白紙にぐるぐると書きなぐってください。

何か記憶を思い出せる方は、それをイメージしながら白紙にぐるぐると書きなぐっていただければと思います。

そして、**「もう出た」と感じるか、20分くらい経ったらワークを終えて、紙をビリビリに破って燃やしてください。**

「もう出た」と感じたのであればそれでいいのですが、20分くらいで強制的に終わらせた方は、次の日も同じように取り組んでみてください。

どうして20分かというと、このワークは実施するのにたくさんのエネルギーを要します。

20分もやると結構消耗しますので、大体20分くらいで終えたほうが他の活動に影響を及ぼすことがなくなるためおすすめです。

それくらい消耗するワークであるということは、それだけ効果もあります。

感情が揺れることがあれば、ぜひその都度取り組んでください。

## ●まずは一ヵ月続ける

先述したように、**マイ祝詞は、まずは一ヵ月続けてください。**

これはどんな人も同様です。

一ヵ月を過ぎて、自分の中で「もう大丈夫」と思ったら全文を読むことをやめていただいて大丈夫です。

## マイ祝詞の取り組み方

マイ祝詞は、朝、昼、夜
の一日3回読む

マイ祝詞は、感情を込め
ず、ただ淡々と読む

感情が揺れたら
「ぐるぐるワーク」で処理する

まずは1ヵ月続ける

これらのポイントを押さえながら、まずは1ヵ月続けてみよう

その後は全文ではなく、

**「私は○○してもいい」**

という部分だけを唱えるようにしてください。

## 「もう大丈夫」がわかる三つの出来事

とはいえ、自分ではなかなか「もう大丈夫」という判定が難しいかと思います。

そんなときには、本当にもう大丈夫な状態であれば起こることが三つありますので、それを基準にしていただければと思います。

その三つとは、

- **ブロックの言葉を見ていて具体的な解決法がわかる**
- **自然と今までと異なる行動をしている**

です。

### ●何かよくわからないけど変わる

### ●ブロックの言葉を見ていて具体的な解決法がわかる

ブロックに対する抵抗が減り、「〇〇してもいい」がすんなりと受け入れられるようになると、ブロックに対して「こうやったらいい」「こう考えたらいい」「こんな捉え方をすればいい」という**解決策のアイデアがすんなりと出る**ようになります。

なので、読んでいて「あっ、あれやってみよう」と思ったり、「こう考えればいいのか！」と閃いたり、「こんな価値観があるのか！」と今までにない新しい考え方や情報が入ってくるようになったら、「もう大丈夫」と考えて差し支えありません。

### ●自然と今までと異なる行動をしている

ブロックが本当に無効化されると自分の行動や発想が変わります。

自分では気づかないものですが、自然と変わります。

そして、**自然と今までと異なる行動をする**ようになります。

ふと気づいたときに、今までやったことのない行動をしていたり、今までとは異なる発想をしていたりすることに気づいたときには、「もう大丈夫」と判断していただいて大丈夫です。

## ●何かよくわからないけど変わる

ブロックが無効化されると、何かよくわからないけど折り合いの悪かった人がいい人になったり、何かよくわからないけど新しい出会いがあったり、何かよくわからないけど服の趣味が変わったり、何かよくわからないけどお気に入りのお店が変わったり、何かよくわからないけど急に掃除をする気になったりといったことが起こります。

**よくわからないけど現実に変化が起こったときには、「もう大丈夫」**と判断してください。

「もう大丈夫」と判断していい三つの出来事をお伝えしましたが、こういったことが起こったときにはあとは前向きに行動していくだけですので、実現するための行動を

## 「もう大丈夫」がわかる三つの出来事

ブロックの文章を
見ていて具体的な
解決法がわかる

自然と今までと
異なる行動をしている

何かよく
わからないけど
変わる

これらの状態になったら、あなたの現実はもう変わっている!!

積極的に起こしていってください。

## 「大きな願望」を実現するための三つのステップ

**マイ祝詞は、願望がより身近で明確であるほど実現しやすくなります。**

第3章で「願望が大きすぎる場合には、まずは手前の願望を意識してみてください」とお伝えしました。

しかし、「大きな願望を実現したい!!」という方もいると思います。

そんなときには次の

**夢 ← 目標 ← 予定**

という「三つのステップ」を意識してみてください。

**まず「夢」とは、ここでのテーマとなっている大きな願望そのものです。**

実現できるかどうかわからない、今の自分では糸口も見えない、そんな夢を実現するための手段があります。

それが、その次の**「目標」のステップ**です。

**目標とは、実現可能であり、現実的な願望**です。

第3章で「SMARTの法則」を紹介しました（109ページ参照）。

**Specific（具体的な）**
**Measurable（計測可能な）**
**Achievable（達成可能な）**
**Relevant（関連性のある）**
**Time-bound（期限付きの）**

この五つを満たすもの、つまり**具体的で、進捗具合が計測できて、達成可能なもので、夢の実現に関連し、いつまでに達成するかが明確なものが目標**になります。

そして目標を達成するために、**月単位、週単位、日単位でやることが「予定」**になります。

予定をこなしていくことで目標が達成できます。

ここで大事なのが**「目標の大きさ」と「目標のサイズ」**です。

それらを意識していくことで、「夢」が「実現可能な目標」に変化していきます。

まず**「目標の大きさ」ですが、できるなら90日から半年くらいで達成可能な目標を設定**します。

そして、**それを実現するための「予定」を立てる。**

なぜ90日から半年かというと、それ以上になると期限が長すぎるため、最初の一ヵ月目、二ヵ月目くらいは余裕がありすぎてあまり動かないからです。

それがたとえば90日だと、期限が短いので遊んでいる余裕はありません。

## 「大きな願望」を実現するための三つのステップ

**ステップ❶**

夢を描く

**ステップ❷**

目標に落とし込む

**ステップ❸**

予定を立てる

夢は目標に変え、予定にすれば叶う!!

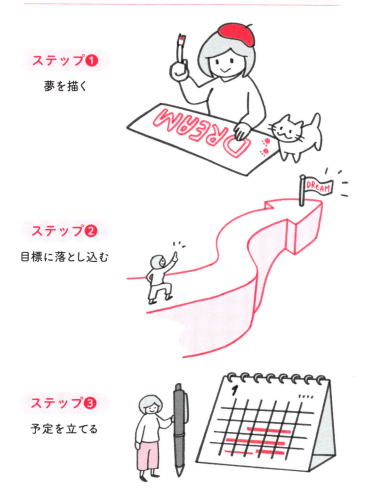

目標を決めた瞬間から動かざるをえません。

ただし90日は短すぎて、その期間では達成できないことも出てきます。

そんな場合には、もう少し延ばして120日か、半年とかの目標にしても大丈夫です。

それくらいの大きさの目標を設定し、予定を決めて実行していきます。

そして90日で本当に達成できたとします。

すると、その目標は自分にとって達成可能なものに変化します。

今まで達成できるかどうかわからなかったものが、現実的に達成できるものに変わります。

そうすると、次の90日に達成しようと立てる目標は、今まで立ててきた目標のサイズ感より少し大きくなります。

これが**「目標のサイズ」**です。

90日かけて目標を達成し、次の90日ではもう少し大きな目標を達成する。

さらに次の90日でさらに大きな目標を設定し、達成する。

それを繰り返していくことで、自分にとって達成可能な目標のサイズが少しずつ大きくなり、やがて今まで「夢」だった大きな目標が、実現可能なサイズのものに変わっていきます。

**「夢」のような大きな願望を実現するには、達成可能な目標を設定し、達成するための予定を遂行して実際に目標を達成することを繰り返し、達成可能な目標のサイズを大きくしていくこと。**

それが大きな願望を実現するためのコツです。

願望が大きいからといって諦めるのは早すぎます。

自分が成長していけば実現できることはたくさんありますし、ほとんどの願望は自分が成長しさえすれば実現できます。

しかし、そのために今やるべきことは、今の自分で達成可能な目標を達成することであり、そのための予定をコツコツとこなしていくことが大事です。

## 人生とは、まだ見ぬ自分を思い出す旅

第1章では、私が運営している『波動チャンネル』にある、「朝の祝詞」「夜の祝詞」のお話をお伝えしました。

それぞれの祝詞の中に**「あなたは、まだまだこんなものではない」**というフレーズが入っています。

実はどんな人も、その人のすべての才能を開花しているわけではありません。

私もまだまだたくさんの可能性を実現できていませんし、それはどんな人も同じです。

それくらい人は常に自分を限定しています。

つまり、「こんなものではない」状態です。

その実現できていない可能性を実現していくことで、人生はどんどん変化していきます。

私は2007年までサラリーマンをしていたのですが、その当時の私がこの原稿を書いている私を見たら信じられないことでしょう。

今の私は、当時の私からは考えられないほどのたくさんの可能性を開花させ、現実を変えてきたからです。

そしてそれはこれからも同様です。

今も自分の可能性を開花させようと貪欲に行動していますので、10年後の自分は今からは想像もできないような自分なのだろうと思っています。

それは私だからそうなのではなく、どんな人も同じです。

## 「自分の中には、まだまだたくさんの開花していない部分がある」

ぜひ、そう思ってあげてください。

大抵のことは可能性が開花すれば達成できます。

**試練が来たら、「試練をクリアできるだけの可能性が開花するとき」**と捉えてください（詳しくは、『愛とお金と運に効く！　ハッピー・バイブレーション』（アルソス）

をお読みください）。

夢や目標も、実現できるだけの可能性が開花すれば実現できます。
すべては、**「可能性のままになっている自分を開花させるかどうか」**です。
そのために「マイ祝詞」をご活用いただければと思います。

人生とは、

**「まだ見ぬ自分を思い出す旅」**

です。
ぜひ、たくさんの願望の実現を重ね、たくさんの自分に出会っていってください。

# おわりに

ここまでお読みいただきありがとうございました。

本書では、開運するための自分独自の「マイ祝詞」のつくり方と、使い方のお話をしてきました。

マイ祝詞は、私とクライアントとのセッションの現場において、セッションでお伝えしたことが無駄にならず、しばらく自覚できるようにとつくったのが最初です。

現実がうまくいかなくて悩んでいるとき、大体の場合、偏った変な思い込みなどが原因だったりします。

当時のセッションでは、その偏りに対して違った解釈を提示することを行っていました。しかし、セッションはそのときだけのもので、その最中には納得したとしても、家に帰るとすっかり元に戻ってしまうということを繰り返している方がいました。

そのため、セッションで行ったアドバイスを家でも復習できるようにと思い、セッションの内容を言葉として、しかも毎日、唱えやすくしたものがマイ祝詞の原型です。

つまり、マイ祝詞は、当初はセルフカウンセリングの手段でした。

最初は、カウンセリングの内容を言語化しただけのものでした。そこから一つの言葉に対してのお客様の反応を確認したり、同じ意味でも言い方を変えることで受け入れやすくしたりと、少しずつ改良を加えて出来上がったのです。

第1章で紹介した多くの人が変化を実感している「朝聞くといい朝の祝詞」と「夜寝る前に聞くといい夜の祝詞」は、これまでの私個人のセッション経験において、「多くの人がこういうところでネガティブになる」という部分でポジティブになるように、違った解釈を加えていくということを言葉を使って実施しています。

毎日、ただ聞くだけなのに、それだけで自分の内面や現実が変化します（※実施した方の体験談は第1章を参照ください）。

それくらい言葉を駆使することは現実を変える力がありますし、マイ祝詞は自分にフィットすればかなり有効な手段となります。

しかし、自分個人ですぐに完全にフィットするものをつくるのはなかなか難しいものでもあります。

ぜひ本書でご紹介したつくり方を参考にし、試行錯誤を繰り返してつくっていただければと思います。マイ祝詞は一度つくって終わりではなく、自分の成長に応じて変化していくものですので、何度もご自身用につくっていってください。

おそらく何度もつくっていくことで、人にもつくってあげられるようになるでしょう。

そうなったときには、周囲の人にもぜひつくってあげてください。

また、私のYouTubeチャンネル『波動チャンネル』にある「朝聞くといい朝の祝詞」と「夜寝る前に聞くといい夜の祝詞」も、ぜひ毎日聞いてみていただければと思います。

最後に、YouTubeをはじめ、たくさんいる発信者の中から私を見つけ、これまでクライアントと共につくってきたマイ祝詞のメソッドを公開するきっかけをつくってくださった徳間書店の高畑圭さんと、私の著作をいつもサポートしてくださっている遠藤励起さん、締め切りが迫っているにもかかわらず、なかなか原稿が上がらない中でも、前向きにサポートしてくださってありがとうございます。

お二人の温かいサポートのお陰で、本書を書き終えることができました。

そのほか、私の会社のクライアントの皆さま、八福会、ビジネスアカデミー、波動倶楽部の皆さま、YouTubeの視聴者の皆さま、そして何よりいつもたくさんのタスクをこなし、私に執筆や発信の時間をつくってくれる会社スタッフの皆さま、多くの方のご協力のお陰で本書を書かせていただきました。

これまでの経験から導き出したマイ祝詞というメソッドを、多くの皆さまと分かち合えることの幸せを感じています。

ありがとうございます。

本書を通じて、たくさんの方の願望が実現することと、自分らしい人生が実現していくことをお祈りしています。

桑名正典

## 桑名正典（くわな・まさのり）

（株）パーソンズリンク代表取締役。経営コンサルタント。高校から理系に進み、大学・大学院では化学を専攻。岡山大学大学院卒業後、（株）コベルコ科研にて、研究者として環境分析、化学分析、材料分析などに携わる。2007年に「自分らしく大好きなことを仕事にして豊かに生きたい」という思いから独立。現在は波動とメンタルをベースに、企業のコンサルティングや起業家を支援するビジネスアカデミーなどを展開。コロナ禍でもクライアントの好調を維持している。

また会員数約1000名の「波動を整えて開運するエネルギーワークの会」、会員数1500名を超えるオンラインサロン「波動倶楽部」などを主宰。チャンネル登録者数19万人超のYouTube「波動チャンネル」でも波動の使い方をレクチャーし、登録者数を伸ばしている（2024年12月現在）。

著書に『愛とお金と運に効く！　ハッピー・バイブレーション』（アルソス）『ミリオネア・バイブレーション』（ヒカルランド）『成功している人は、なぜ「お清め」をするのか？』（KADOKAWA）『成功している人がやっている波動の習慣』（ワン・パブリッシング）など多数。

# 人生を思い通りに変える!
# 開運祝詞
## 「言霊の力」で望む未来を手に入れる

2024年12月31日　第1版発行

著者　桑名正典
発行者　小宮英行
発行所　株式会社徳間書店
〒141-8202
東京都品川区上大崎3-1-1
目黒セントラルスクエア
電話　編集(03)5403-4344
販売(049)293-5521
振替　00140-0-44392

印刷・製本所　株式会社広済堂ネクスト


ISBN 978-4-19-865937-0